职业教育物流类专业产教融合创

快递运营管理工作页

林秋意　编

机 械 工 业 出 版 社

本书是《快递运营管理》的配套教材。

主教材共有五个典型任务：快递运营筹备、快件收寄作业、快件处理作业、快件派送作业、快递客户服务。本书为五个工作任务配备了丰富的课后练习题、活动工作页和任务考核评价表，与主教材充分配合，形成基础知识—任务实施—课后练习—工作实习—任务评价闭环，有助于学员将专业知识融入实际工作当中。

本书既可以作为技工院校、中职学校、高职院校物流类专业学生的教材，也可以用作物流企业广大一线快递人员的岗前职业技能培训，以丰富员工的理论与技能。

图书在版编目（CIP）数据

快递运营管理工作页 / 林秋意编 . — 北京 : 机械工业出版社 , 2021.10（2025.6 重印）
职业教育物流类专业产教融合创新教材
ISBN 978-7-111-69886-9

Ⅰ . ①快…　Ⅱ . ①林…　Ⅲ . ①快递－运营管理－职业教育－教材
Ⅳ . ① F618. 1

中国版本图书馆 CIP 数据核字（2021）第 260172 号

机械工业出版社（北京市百万庄大街 22 号　邮政编码 100037）
策划编辑：宋　华　责任编辑：宋　华　单元花
责任校对：高亚苗　封面设计：鞠　杨
责任印制：常天培
河北虎彩印刷有限公司印刷
2025 年 6 月第 1 版第 3 次印刷
184mm × 260mm · 9.25 印张 · 207 千字
标准书号：ISBN 978-7-111-69886-9
定价：29.80 元

电话服务	网络服务
客服电话：010-88361066	机　工　官　网：www. cmpbook. com
010-88379833	机　工　官　博：weibo. com/cmp1952
010-68326294	金　　书　　网：www. golden-book. com
封底无防伪标均为盗版	机工教育服务网：www. cmpedu. com

前 言

本书是林秋意编写的《快递运营管理》（ISBN：978-7-111-69842-5）的配套教材，为主教材的每一个活动配备相应的习题、活动工作页和任务考核评价表，让学生在每一次活动中如在真实岗位，认真地履行相应的工作职责，熟练掌握各项技能。

本书提供了配套的习题。通过练习，读者能够掌握相关的实操要领。另外，本书提供了各个任务活动中的习题解答，也有工作计划表、教案、教学实训、优质课件和参考资讯等完整的教学资源。

每个工作页都配置真实的工作案例或工作任务，有针对性地为读者提供具体问题的解决范例，让读者真实地体会工作内容，从而实现学习与工作的无缝化衔接。

本书由林秋意主笔，在编写过程中得到了黄丽红、杨起生、周志涛、古新良、刘伟亮等老师的帮助，还得到了EMS、顺丰、圆通、中通、汇通、韵达、申通、宅急送等快递企业的大力支持，在此一并致以诚挚的谢意。由于编者经验不足，书中难免有疏漏之处，恳请读者批评指正。

编 者

目 录

前言

任务一　快递运营筹备……1

活动一　调研行业……2

活动工作页：调研行业……3

活动二　介绍服务……6

活动工作页：介绍服务……7

活动三　申请业务……10

活动工作页：申请业务……11

活动四　管理网点……14

活动工作页：管理网点……15

任务二　快件收寄作业……19

活动一　接受订单……20

活动工作页：接受订单……22

活动二　上门取件……25

活动工作页：上门取件……27

活动三　验视快件……30

活动工作页：验视快件……32

活动四　填写运单……35

活动工作页：填写运单……37

活动五　包装快件……40

活动工作页：包装快件……42

活动六　称重计费……45

活动工作页：称重计费……47

活动七　交接管理……51

活动工作页：交接管理……52

活动八　收件异常处理……56

活动工作页：收件异常处理……58

任务三　快件处理作业……63

活动一　接收快件……64

活动工作页：接收快件……66

活动二　分拣快件……71

活动工作页：分拣快件……72

活动三　封装快件……76
活动工作页：封装快件……77
活动四　发运快件……80
活动工作页：发运快件……81
活动五　问题件处理……85
活动工作页：问题件处理……87
任务四　快件派送作业……91
活动一　准备派件……92
活动工作页：准备派件……94
活动二　交接快件……98
活动工作页：交接快件……99
活动三　路线规划……103
活动工作页：路线规划……104
活动四　派送快件……108
活动工作页：派送快件……109
活动五　派件异常处理……112
活动工作页：派件异常处理……114
任务五　快递客户服务……119
活动一　快件查询……120
活动工作页：快件查询……122
活动二　快递投诉……125
活动工作页：快递投诉……127
活动三　快递理赔……133
活动工作页：快递理赔……134
活动四　客户开发……137
活动工作页：客户开发……138

任务内容

任务一　快递运营筹备

活动一　调研行业

活动二　介绍服务

活动三　申请业务

活动四　管理网点

任务一　快递运营筹备

活动一 调研行业

课后练习题 1-1

一、选择题

1. 下面（　　）属于民营快递企业。
   A. UPS　B. TNT　C. 顺丰速运　D. EMS
2. 下面（　　）属于国际快递企业。
   A. UPS　B. 天天快递　C. 顺丰速运　D. 圆通快递
3. 下面（　　）业务属于国际快递业务。
   A. 某快件由北京发往伦敦　B. 某快件由北京海淀区发往通州区
   C. 某快件由广州发往深圳　D. 某快件由广东中山发往湖南长沙
4. 下面（　　）业务属于同城快递业务。
   A. 某快件由江苏发往华盛顿　B. 某快件由广州天河区发往白云区
   C. 某快件由江门发往香港　D. 某快件由上海发往江西
5. 我国快递业务主要集中于（　　）经济区域。
   A. 珠三角　B. 长三角　C. 京津冀　D. 金三角

二、判断题

1. 进入20世纪80年代，世界各大快递公司均看好中国市场，DHL、UPS、FedEx、TNT、OCS、Airborne、AAE等国际快递公司陆续与中国企业成立合作合资公司或建立代理关系。（　　）

2. 现代社会要求实现最大可能的社会化分工，快递企业间的相互竞争更要求各企业提供最优良的服务手段和服务功能。（　　）

3. 快递业发展呼唤立法，公平竞争、有序竞争才是快递业健康发展的必由之路。（　　）

4. 中国经济和社会的发展为快递业提供了巨大的市场潜力，市场呼唤功能完善的快递企业。（　　）

5. 电子商务的崛起很大程度上带动了快递业的成长，但在发展过程中还存在一些问题值得深思。（　　）

活动工作页：调研行业

活动场地：公司总部会议室
建议课时：2 课时

一、接受任务

商人李达先生对快递行业前景比较看好，想了解目前快递行业中有哪些快递企业，它们各自有什么特点或优势。市场专员小李接受了这样的任务，请大家根据小李所接受的工作任务，写出工作内容与步骤。

二、制订计划

本次活动要求同学们在课堂上分小组现场完成行业资料的收集。请同学们分成学习小组，根据工作任务进行小组内部分工，制订工作计划。

序　号	工作内容	物料准备	注意事项
1	收集企业名称、logo、网点分布等资料	计算机、笔、纸、小黑板	
2	收集企业经营特色等资料	计算机、笔、纸、小黑板	
3	收集企业优势服务等资料	计算机、笔、纸、小黑板	
4	制作 PPT，编辑资料	计算机、笔、纸、小黑板	

三、任务实施

分　工	姓　名	主要职责	活动成果
组长		汇总，制作PPT，编辑资料，汇报	
成员1		收集企业名称、logo、网点分布等资料	
成员2		收集企业经营特色等资料	
成员3		收集企业优势服务等资料	

1

快递运营管理工作页

活动成果（一）：企业介绍

工作名称	工作成员	工作分工	工作时间
制作一份PPT，介绍某家快递企业，内容包括企业名称、logo、总部、经营理念、经营优势、销售网络、规模等	成员1：	负责介绍外资快递企业	3～5min
	成员2：	负责介绍国有快递企业	3～5min
	成员3：	负责介绍民营快递企业	3～5min

活动成果（二）：数据统计

快递行业主管部门国家邮政局根据《快递业务经营许可管理办法》，依照《快递业务经营许可年度报告规定》，向外公布了第一批260家通过2012年快递业务经营许可年度报告审核的企业名单（自行上网查询）。请统计有关数据，并利用Excel制作一个饼状图进行说明。

类　别	数　量	所占比例
国有快递企业		
民营快递企业		
外资快递企业		

活动成果（三）：业务分析

根据我国快递业务量和快递业务收入增长趋势表，利用Excel制作柱状分析图。

任务评价 1-1

任务考核评价表

<table>
<tr><td>班　级</td><td colspan="2"></td><td colspan="3">任 务 名 称</td><td>姓　名</td><td colspan="3"></td></tr>
<tr><td>学　号</td><td colspan="2"></td><td colspan="3">调研行业</td><td>组　别</td><td colspan="3"></td></tr>
<tr><td rowspan="2">评　价
项　目</td><td rowspan="2" colspan="2">评 价 标 准</td><td>自我评价</td><td>组长评价</td><td colspan="2">教师评价</td><td rowspan="2">分　值</td><td rowspan="2">小　计</td><td rowspan="2">总　分</td></tr>
<tr><td>10%</td><td>20%</td><td colspan="2">70%</td></tr>
<tr><td rowspan="3">职业
能力</td><td colspan="2">1. 团队合作、分工明确</td><td></td><td></td><td colspan="2"></td><td>10</td><td rowspan="3"></td><td rowspan="10"></td></tr>
<tr><td colspan="2">2. 具有独立工作的能力，完成质量好</td><td></td><td></td><td colspan="2"></td><td>10</td></tr>
<tr><td colspan="2">3. 语言组织与表达能力好</td><td></td><td></td><td colspan="2"></td><td>10</td></tr>
<tr><td rowspan="6">专业
能力</td><td colspan="2">1. 能介绍我国快递行业的发展历程</td><td></td><td></td><td colspan="2"></td><td>10</td><td rowspan="6"></td></tr>
<tr><td colspan="2">2. 能列举三类快递企业的名字</td><td></td><td></td><td colspan="2"></td><td>10</td></tr>
<tr><td colspan="2">3. 会描述我国快递行业的发展现状</td><td></td><td></td><td colspan="2"></td><td>10</td></tr>
<tr><td colspan="2">4. 能列出我国快递行业存在的问题</td><td></td><td></td><td colspan="2"></td><td>10</td></tr>
<tr><td colspan="2">5. 能说出快递行业的发展动态</td><td></td><td></td><td colspan="2"></td><td>10</td></tr>
<tr><td colspan="2">6. 能说出电子商务对快递行业的影响</td><td></td><td></td><td colspan="2"></td><td>10</td></tr>
<tr><td>拓展
能力</td><td colspan="2">遇到问题，能随机应变、灵活处理</td><td></td><td></td><td colspan="2"></td><td>10</td><td></td></tr>
<tr><td>个人总结
与反思</td><td colspan="3"></td><td>指导教师
综合评价</td><td colspan="5">

指导教师签名：
日期：</td></tr>
</table>

活动二 介绍服务

课后练习题 1-2

一、选择题

1. A 快递公司的保价费率为 2%，客户的物品声明价值为 2000 元，其保价费用应收（　　）元。

A. 4000　　B. 40　　C. 400　　D. 2000

2. 在揽件时，客户若选择运费到付，那么运费应由（　　）支付。

A. 寄件人　　B. 收件人　　C. 快递公司　　D. 取件员

3. 常见的快递服务承诺有（　　）。

A. 次日达　　B. 即日达　　C. 次晨达　　D. 经济快件

4. 在快递服务中，常见的支付方式有（　　）。

A. 到付　　B. 寄付　　C. 第三方支付　　D. 月结

5. 快递服务的基本要求有（　　）。

A. 有序流畅　　B. 优质高效　　C. 成本节约　　D. 安全便捷

二、判断题

1. 自取快件到达目的地营业部后，仓管员通知客户前来自取，并告知客户本营业部的详细位置、联系电话。（　　）

2. 在揽件时，寄件人若要求运费到付，则取件员需要判断所投递目的地是否能够采用到付方式。（　　）

3. 对于货到付款件的派送，在收件人未支付到付运费前，应先将货件交付给客户。（　　）

4. 回单快件可以使用到付面单。（　　）

5. 对于客户保价的货物，必须加强对快件托寄物品的查验，查验的内容包括托寄物的内容和数量等，并要求在填写运单时准确填写托寄物的品名。（　　）

活动工作页：介绍服务

活动场地：快递服务网点
建议课时：2 课时

一、接受任务

商人李达先生想了解：UPS、EMS、顺丰、韵达、圆通这五家快递企业分别提供了哪些快递服务？它们的核心业务是什么？快递销售员小冬接受了这个任务，请大家根据小冬所接受的工作任务，写出工作内容与步骤。

二、制订计划

本次活动要求同学们在课堂上分小组现场完成各类快递服务信息的收集。请同学们分成学习小组，根据工作任务进行小组内部分工，制订工作计划。

序 号	工作内容	物料准备	注意事项
1	设计PPT模板	计算机	
2	收集企业资料	计算机、笔	
3	汇总讨论	笔、纸、小黑板	
4	定稿汇报	计算机	

三、任务实施

分 工	姓 名	主要职责	活动成果
组长		负责UPS的相关资料收集工作、设计PPT模板、汇总结论、定稿汇报	
成员1		负责EMS的相关资料收集工作	
成员2		负责顺丰公司的相关资料收集工作	
成员3		负责韵达公司的相关资料收集工作	
成员4		负责圆通公司的相关资料收集工作	

快递运营管理工作页

活动成果（一）：保价业务介绍

企业名称	企业类别	服务类别	具体内容	具体要求
	□ 外资快递企业 □ 国有快递企业 □ 民营快递企业	□ 标准服务 □ 承诺服务	详细介绍该公司此项快递业务	制作一份PPT并进行汇报介绍

活动成果（二）：回单业务介绍

企业名称	企业类别	服务类别	具体内容	具体要求
	□ 外资快递企业 □ 国有快递企业 □ 民营快递企业	□ 标准服务 □ 承诺服务	详细介绍该公司此项快递业务	制作一份PPT并进行汇报介绍

活动成果（三）：自提件业务介绍

企业名称	企业类别	服务类别	具体内容	具体要求
	□ 外资快递企业 □ 国有快递企业 □ 民营快递企业	□ 标准服务 □ 承诺服务	详细介绍该公司此项快递业务	制作一份PPT并进行汇报介绍

活动成果（四）：货到付款业务介绍

企业名称	企业类别	服务类别	具体内容	具体要求
	□ 外资快递企业 □ 国有快递企业 □ 民营快递企业	□ 标准服务 □ 承诺服务	详细介绍该公司此项快递业务	制作一份PPT并进行汇报介绍

活动成果（五）：标准件业务介绍

企业名称	企业类别	服务类别	具体内容	具体要求
	□ 外资快递企业 □ 国有快递企业 □ 民营快递企业	□ 标准服务 □ 承诺服务	详细介绍该公司此项快递业务	制作一份PPT并进行汇报介绍

任务评价 1-2

任务考核评价表

<table>
<tr><td>班　级</td><td></td><td colspan="3">任 务 名 称</td><td>姓　名</td><td colspan="3"></td></tr>
<tr><td>学　号</td><td></td><td colspan="3">介 绍 服 务</td><td>组　别</td><td colspan="3"></td></tr>
<tr><td rowspan="2">评　价
项　目</td><td rowspan="2">评 价 标 准</td><td>自我评价</td><td>组长评价</td><td>教师评价</td><td rowspan="2">分 值</td><td rowspan="2">小 计</td><td rowspan="2">总 分</td></tr>
<tr><td>10%</td><td>20%</td><td>70%</td></tr>
<tr><td rowspan="3">职业
能力</td><td>1. 普通话标准，语言表达清晰</td><td></td><td></td><td></td><td>10</td><td rowspan="3"></td><td rowspan="10"></td></tr>
<tr><td>2. 较强的沟通能力、协调能力</td><td></td><td></td><td></td><td>10</td></tr>
<tr><td>3. 良好的团队服务意识，工作积极主动</td><td></td><td></td><td></td><td>10</td></tr>
<tr><td rowspan="5">专业
能力</td><td>1. 能独立办理操作保价件业务</td><td></td><td></td><td></td><td>10</td><td rowspan="5"></td></tr>
<tr><td>2. 能独立办理操作回单件业务</td><td></td><td></td><td></td><td>10</td></tr>
<tr><td>3. 能独立办理操作货到付款件业务</td><td></td><td></td><td></td><td>10</td></tr>
<tr><td>4. 能向客户简单介绍标准件业务</td><td></td><td></td><td></td><td>10</td></tr>
<tr><td>5. 能独立办理操作自提件业务</td><td></td><td></td><td></td><td>10</td></tr>
<tr><td rowspan="2">拓展
能力</td><td>1. 处理任务问题时，逻辑思维清晰</td><td></td><td></td><td></td><td>10</td><td rowspan="2"></td></tr>
<tr><td>2. 能提出不同于常规或常人思路的见解</td><td></td><td></td><td></td><td>10</td></tr>
<tr><td>个人总结
与反思</td><td colspan="2"></td><td>指导教师
综合评价</td><td colspan="4">

指导教师签名：
日期：</td></tr>
</table>

活动三　申 请 业 务

课后练习题 1-3

一、选择题

1．在省、自治区、直辖市范围内经营的，应当向（　　）提出申请。
A．市场监督管理局　　B．所在地省、自治区、直辖市邮政管理机构
C．公安局　　D．保险公司

2．跨省、自治区、直辖市经营的，注册资本不低于人民币（　　）万元。
A．50　　B．60
C．80　　D．100

3．主管快递业务经营许可的行政部门是（　　）。
A．邮政管理部门　　B．交通部门
C．公安部门　　D．市场监督管理部门

4．在省、自治区、直辖市范围内经营的，注册资本不低于人民币（　　）万元。
A．10　　B．20
C．30　　D．50

5．经营国际快递业务的，注册资本不低于人民币（　　）万元。
A．20　　B．50
C．100　　D．200

二、判断题

1．邮政管理部门应当自受理之日起 45 日内对申请材料审查核实，做出批准或者不予批准的决定。予以批准的，颁发快递业务经营许可证；不予批准的，书面通知申请人并说明理由。（　　）

2．经营快递业务的企业合并、分立或者撤销分支机构的，不用向邮政管理部门备案。（　　）

3．快递业务经营许可证的有效期限为 5 年。（　　）

4．伪造、涂改、冒用、租借、买卖和转让快递业务经营许可证的，邮政管理部门可处以 1 万元以上 3 万元以下罚款，构成犯罪的，依法追究刑事责任。（　　）

5．经营快递业务的企业，应当按照快递业务经营许可证的许可范围和有效期限经营快递业务。（　　）

活动工作页：申请业务

活动场地：邮政局
建议课时：2 课时

一、接受任务

商人李达先生决定加盟 A 快递企业，于是他安排了行政专员小飞到相关主管行政部门办理快递业务经营许可。行政专员小飞接受了这个任务，请大家根据小飞所接受的工作任务，把小飞的工作内容与步骤写出来。

二、制订计划

本次活动要求同学们在课堂上分小组现场完成快递业务经营许可申请工作，请同学们分成学习小组，根据工作任务进行小组内部分工，制订工作计划。

序　号	工作内容	物料准备	注意事项
1	准备业务申请资料	笔、纸、相关证件证明	
2	操作快递业务经营许可管理信息系统	计算机	
3	核对申请材料是否齐全及填写是否规范		
4			

三、任务实施

分　工	姓　名	主要职责	活动成果
组长		核对申请材料是否齐全及填写是否规范 准备业务申请资料（1～3项）	
成员1		准备业务申请资料（4～7项）	
成员2		准备业务申请资料（8～9项）	
成员3		准备业务申请资料（10项）	
成员4		操作快递业务经营许可管理信息系统	

快递运营管理工作页

活动成果：申请快递业务经营许可

（1）快递业务经营许可申报书。

（2）注册账号。

（3）填写股权结构。

（4）填写分公司（营业部）、子公司、加盟企业。

（5）填写处理场地（中心）名录。

（6）预览打印。

（7）提交申请。

（8）企业登录。

（9）修改登录密码。

（10）申请进度查询。

任务评价 1-3

任务考核评价表

<table>
<tr><td>班　级</td><td></td><td colspan="3">任 务 名 称</td><td>姓　名</td><td colspan="3"></td></tr>
<tr><td>学　号</td><td></td><td colspan="3">申 请 业 务</td><td>组　别</td><td colspan="3"></td></tr>
<tr><td rowspan="2">评　价
项　目</td><td rowspan="2" colspan="2">评 价 标 准</td><td>自我评价</td><td>组长评价</td><td>教师评价</td><td rowspan="2">分 值</td><td rowspan="2">小 计</td><td rowspan="2">总 分</td></tr>
<tr><td>10%</td><td>20%</td><td>70%</td></tr>
<tr><td rowspan="3">职业
能力</td><td colspan="2">1．工作认真，仔细，有耐心</td><td></td><td></td><td></td><td>10</td><td rowspan="3"></td><td rowspan="7"></td></tr>
<tr><td colspan="2">2．团队配合、分工协作</td><td></td><td></td><td></td><td>10</td></tr>
<tr><td colspan="2">3．有责任心</td><td></td><td></td><td></td><td>10</td></tr>
<tr><td rowspan="3">专业
能力</td><td colspan="2">1．能准备所有业务申请资料</td><td></td><td></td><td></td><td>20</td><td rowspan="3"></td></tr>
<tr><td colspan="2">2．能独立完成业务申请资料填写</td><td></td><td></td><td></td><td>30</td></tr>
<tr><td colspan="2">3．能熟练操作快递业务经营许可管理系统</td><td></td><td></td><td></td><td>10</td></tr>
<tr><td>拓展
能力</td><td colspan="2">能优化业务申请工作</td><td></td><td></td><td></td><td>10</td><td></td></tr>
<tr><td>个人总结
与反思</td><td colspan="3"></td><td>指导教师
综合评价</td><td colspan="4">指导教师签名：
日期：</td></tr>
</table>

活动四 管理网点

课后练习题 1-4

一、选择题

1. 根据《快递业务员国家职业技能标准》的规定，快递业务员的职业守则不包括（　　）。

A. 遵纪守法、诚实守信　　B. 爱岗敬业、勤奋务实
C. 衣着整洁、文明礼貌　　D. 及时派送、迅速准确

2. 职业道德的基本内容不包括（　　）。

A. 爱岗敬业　B. 诚实守信　C. 办事公道　D. 严格自律

3. 快递业务流程是指快递过程之中逐渐形成的一种相对固定的业务运行与操作顺序和环节，按照快递业务运行顺序，快递业务流程不包括（　　）。

A. 快件收寄　B. 快件处理　C. 快件封发　D. 快件运输
E. 快件派送

4. 快递流程基本要求不包括（　　）。

A. 有序流畅　B. 优质高效　C. 服务良好　D. 安全便捷

5. 不属于快递网络构成的是（　　）。

A. 呼叫中心　　B. 收派处理点或营业网点
C. 航空中心　　D. 运输路线

二、判断题

1. 快递业务员职业守则内容：遵纪守法、诚实守信；爱岗敬业、勤奋务实；团结协作、准确快速；保守秘密、确保安全；衣着整洁、文明礼貌；热情服务、奉献社会。（　　）

2. 快递流程四大环节：快件收寄、快件处理、快件运输和快件派送。（　　）

3. 快递流程基本要求：有序流畅、优质高效、成本节约、安全便捷。（　　）

4. 快递网络可分为快递传递网络和信息传输网络。（　　）

5. 快递传递网络是由快递客服中心、收派处理点或营业网点、处理中心和运输线路，按照一定的原则和方式组织起来并在调度中心的指挥下，按照一定的运行规则传递快件的网络系统。（　　）

活动工作页：管理网点

活动场地：快递网点
建议课时：2 课时

一、接受任务

商人李达先生已成功申请快递业务经营许可。为了更好地做好接下来的快递服务，公司的营业网点已装潢完毕，并且招聘了一批员工，相关设施设备已到位。如何让营业网点的人力、物力和财力得到充分利用，这是摆在营业网点主管小强面前的任务。假如他接受了这个任务，请大家根据小强所接受的工作任务，把小强的工作内容与步骤写出来。

二、制订计划

本次活动要求同学们在课堂上分小组现场完成网点管理工作，请同学们分成学习小组，根据工作任务进行小组内部分工，制订工作计划。

序　号	工作内容	物料准备	注意事项
1	网点员工形象的设计及检查	快递服装一套	
2	网点营业区域的规划及检查	网点平面图	
3	网点设施设备放置及管理	快递所需设施设备一套	
4	网点业务介绍	公司业务流程图等	
5	网点日常全局管理		

三、任务实施

分　工	姓　名	主要职责	活动成果
组长		负责网点日常全局管理	
成员1		负责网点业务介绍	
成员2		负责网点员工形象的设计及检查	
成员3		负责网点营业区域的规划及检查	
成员4		负责网点设施放置及管理	

活动成果（一）：业务员的形象塑造

今天，有位客户进入网点咨询快递业务，业务员 A 前去接待并向其介绍快递业务。此时，网点客服电话响了，客服人员 B 接听了来电，而仓管员正在向上级领导讲解各个区域划分。

仪容仪表不合格记录表

20 年 月									
日　期	姓　名	头　发	面　容	手	着　装	坐　姿	行　姿	语　速	备　注

活动成果（二）：网点区域的管理

区域名称	区域划分	功能区	功能区使用说明
网点区域	营业区		
	作业区		

活动成果（三）：业务流程介绍（画流程图）

活动成果（四）：设施设备管理

设施设备	举例	作用
办公设备	举例： 1．计算机 2．快递单打印机 3．	作用： 用于快件信息存储、处理和传递，便于快件后续处理工作
通信设备	举例： 1．电话 2．扫描枪 3．	作用：
运输工具	举例： 1．叉车 2． 3．	作用：
封装器械	举例： 1．打包机 2． 3．	作用：
计量器具	举例： 1．电子秤 2． 3．	作用：

任务评价 1-4

任务考核评价表

<table>
<tr><td>班 级</td><td></td><td colspan="3">任 务 名 称</td><td>姓 名</td><td colspan="3"></td></tr>
<tr><td>学 号</td><td></td><td colspan="3">管 理 网 点</td><td>组 别</td><td colspan="3"></td></tr>
<tr><td rowspan="2">评 价
项 目</td><td colspan="2" rowspan="2">评 价 标 准</td><td>自我评价</td><td>组长评价</td><td>教师评价</td><td rowspan="2">分 值</td><td rowspan="2">小 计</td><td rowspan="2">总分</td></tr>
<tr><td>10%</td><td>20%</td><td>70%</td></tr>
<tr><td rowspan="4">职业
能力</td><td colspan="2">1. 具备一定的领导组织能力</td><td></td><td></td><td></td><td>10</td><td rowspan="4"></td><td rowspan="10"></td></tr>
<tr><td colspan="2">2. 团队配合、分工合作</td><td></td><td></td><td></td><td>10</td></tr>
<tr><td colspan="2">3. 做事仔细，态度认真</td><td></td><td></td><td></td><td>10</td></tr>
<tr><td colspan="2">4. 形象端正，言行得体</td><td></td><td></td><td></td><td>10</td></tr>
<tr><td rowspan="4">专业
能力</td><td colspan="2">1. 能说出快递网点的业务流程</td><td></td><td></td><td></td><td>10</td><td rowspan="4"></td></tr>
<tr><td colspan="2">2. 能说出快递网点人员的职业要求</td><td></td><td></td><td></td><td>10</td></tr>
<tr><td colspan="2">3. 知道快递网点各区域的功能</td><td></td><td></td><td></td><td>10</td></tr>
<tr><td colspan="2">4. 会操作快递网点设施设备</td><td></td><td></td><td></td><td>10</td></tr>
<tr><td rowspan="2">拓展
能力</td><td colspan="2">1. 能优化快递网点空间</td><td></td><td></td><td></td><td>10</td><td rowspan="2"></td></tr>
<tr><td colspan="2">2. 对快递网点管理提出创新性建议</td><td></td><td></td><td></td><td>10</td></tr>
<tr><td>个人总结
与反思</td><td colspan="3"></td><td>指导教师
综合评价</td><td colspan="4">指导教师签名：
日期：</td></tr>
</table>

任务内容

任务二　快件收寄作业
活动一　接受订单
活动二　上门取件
活动三　验视快件
活动四　填写运单
活动五　包装快件
活动六　称重计费
活动七　交接管理
活动八　收件异常处理

任务二　快件收寄作业

活动一 接受订单

课后练习题 2-1

一、选择题

1. 电话长时间无人接听，当用户反映总是占线不容易接入时，客服人员应说：(　　)
   A.“您好，您的电话已接通，请问有什么可以帮您的吗？”
   B.“十分抱歉，业务繁忙，让您久等了，请问有什么需要帮助的吗？”
   C.“公司人手不够，忙不过来。”
   D.“不好意思，那不是我的问题。请问还有什么事吗？”
2. 遇到无声电话时，客服人员应说：(　　)
   A.“您好，您的电话已接通，请问有什么可以帮您的吗？”
   B.“喂，请说话呀！再不说话我就挂了啊！”
   C.“喂！有人在听吗？”
   D.“喂，能听到吗？”
3. 电话有噪声，听不清楚时，客服人员应（　　）
   A. 直接挂机
   B. 说：“您电话噪声太大，下次再打过来。”
   C. 说：“很抱歉，电话噪声太大，听不清您的声音，请您换个地方好吗？”
   D. 说：“很抱歉，听不到您的声音，再见。”
4. 客户方言太重时，客服人员应说：(　　)
   A.“您好，请使用普通话好吗？”
   B.“会不会说普通话，不会的话，找个人帮你。”
   C. 直接挂机，不予回复
   D.“对不起，请你待会再拨打，再见！”
5. 暂时无法解决问题时，客服人员应说：(　　)
   A.“您的问题我需要查询一下，请留下您的联系方式，查询到后会立即给您答复！”
   B.“不好意思，这问题我解决不了。”
   C.“我请教一下领导再告诉您。”
   D.“这问题现在无法搞定，您改天再打过来。”

二、判断题

1. 电话刚接入，遇到客户情绪激动，破口大骂时，客服人员应调整好心态，尽量安抚客户的情绪，不可以与客户发生争执。 （ ）

2. 客户未讲清楚或自己一时未听清楚客户所讲内容时，要语气诚恳地说：“对不起，没能听清楚您的问题，麻烦您再说一遍好吗？” （ ）

3. 遇到客户责备动作慢时，客服人员应说：“对不起，让您久等了，我们会尽快帮您查询。” （ ）

4. 客户抱怨时，客服人员可以不用理会，直接挂机。 （ ）

5. 已答复客户，如果客户还没有挂断电话，客服人员应说：“请问还需要什么帮助吗？” （ ）

活动工作页：接受订单

活动场地：客服中心
建议课时：2 课时

一、接受任务

家住 ×× 市 ×× 镇黄圃壹加壹对面 11 号的王先生想寄递 1000g 腊肠到广州天河区，于是拨通了路路通快递公司的客服热线。客服专员小惠接受了这个任务，请大家根据小惠所接受的工作任务，把小惠的工作内容与步骤写出来。

二、制订计划

本次活动要求同学们在课堂上分小组现场完成接受订单工作，请同学们分成学习小组，根据工作任务进行小组内部分工，制订工作计划。

序　号	工作内容	物料准备	注意事项
1	接收客户来电并下单	电话、客服系统、耳机、笔、纸	
2	邮寄物品		
3			
4			

三、任务实施

分　工	姓　名	主要职责	活动成果
组长		邮寄物品	
成员 1		接收客户来电并下单	
成员 2			
成员 3			
成员 4			

活动成果（一）：开头语与问候语的应用

活动角色	活动内容	活动形式	活动用具	活动要求	备 注
1. 客服 2. 客户	开头语与问候语的应用	现场录音	1. 计算机 2. 客服系统 3. 耳机 4. 笔 5. 笔记本	1. 普通话流利 2. 音量适中 3. 语速适当 4. 音质有亲和力	

活动成果（二）：无法听清情况的处理

活动角色	活动内容	活动形式	活动用具	活动要求	备 注
1. 客服 2. 客户	无法听清情况的处理	现场录音	1. 计算机 2. 客服系统 3. 耳机 4. 笔 5. 笔记本	1. 普通话流利 2. 答疑专业易懂 3. 回复尽量简短 4. 语速适当	

活动成果（三）：接受订单工作

活动角色	活动内容	活动形式	活动用具	活动要求	备 注
1. 客服 2. 客户	接受订单工作	现场录音	1. 计算机 2. 客服系统 3. 耳机 4. 笔 5. 笔记本	1. 普通话流利 2. 答疑专业易懂 3. 回复尽量简短 4. 语速适当	

活动成果（四）：线上下单

活动角色	活动内容	活动形式	活动用具	活动要求	备 注
1. 客服 2. 客户	线上下单	现场演示	1. 手机 2. 快递 App 3. 身份证 4. 物品	1. 操作熟练 2. 讲解清楚 3. 态度真诚	

任务评价 2-1

任务考核评价表

<table>
<tr><td>班　级</td><td></td><td colspan="3">任务名称</td><td>姓　名</td><td colspan="3"></td></tr>
<tr><td>学　号</td><td></td><td colspan="3">接受订单</td><td>组　别</td><td colspan="3"></td></tr>
<tr><td rowspan="2">评　价
项　目</td><td rowspan="2" colspan="2">评价标准</td><td>自我评价</td><td>组长评价</td><td>教师评价</td><td rowspan="2">分　值</td><td rowspan="2">小　计</td><td rowspan="2">总　分</td></tr>
<tr><td>10%</td><td>20%</td><td>70%</td></tr>
<tr><td rowspan="3">职业能力</td><td colspan="2">1. 普通话标准，语言甜美、语速适中</td><td></td><td></td><td></td><td>10</td><td rowspan="3"></td><td rowspan="10"></td></tr>
<tr><td colspan="2">2. 工作认真负责、充满热情</td><td></td><td></td><td></td><td>10</td></tr>
<tr><td colspan="2">3. 善用电话礼仪</td><td></td><td></td><td></td><td>10</td></tr>
<tr><td rowspan="5">专业能力</td><td colspan="2">1. 熟悉收费标准</td><td></td><td></td><td></td><td>10</td><td rowspan="5"></td></tr>
<tr><td colspan="2">2. 能辨别投递物是否属于违禁物品</td><td></td><td></td><td></td><td>10</td></tr>
<tr><td colspan="2">3. 能快速记录客户信息</td><td></td><td></td><td></td><td>10</td></tr>
<tr><td colspan="2">4. 熟悉并能及时通知各区域取件人员</td><td></td><td></td><td></td><td>10</td></tr>
<tr><td colspan="2">5. 知道在线下单的操作流程</td><td></td><td></td><td></td><td>10</td></tr>
<tr><td rowspan="2">拓展能力</td><td colspan="2">1. 反应灵敏，能现场随机处理问题</td><td></td><td></td><td></td><td>10</td><td rowspan="2"></td></tr>
<tr><td colspan="2">2. 能创新性地处理客户的异议</td><td></td><td></td><td></td><td>10</td></tr>
<tr><td>个人总结与反思</td><td colspan="3"></td><td>指导教师综合评价</td><td colspan="4">指导教师签名：
日期：</td></tr>
</table>

活动二　上门取件

课后练习题 2-2

一、选择题

1. 确定取件路线的考虑因素有（　　）。
   A. 取件通知　　B. 客户要求的时间
   C. 快件紧急程度　　D. 路线交通状况
2. 敲门的规范操作方法是（　　）。
   A. 可用手掌大力地拍门，直到客户开门
   B. 如果敲门几次后无人回应，可用拳捶、脚踢，“嘭嘭”乱敲一气
   C. 如果遇到门是虚掩着的，直接破门而入，无须经主人的允许
   D. 用食指或中指连续敲门 3 下，等候 5 ～ 10s 门未开，可再敲第二次，敲门力度适中，避免影响他人
3. 按门铃的规范操作方法是（　　）。
   A. 用食指按门铃，按铃时间不超过 3 秒，等待 5 ～ 10s 后再按第二次
   B. 至客户处时，如客户门开着，无须按门铃，直接推门而入
   C. 如第一次客户未反应，第二次可狂按门铃，直到客户开门
   D. 用手指一直按着门铃，直到客户开门
4. 收派员仔细核对订单信息内容时，以下操作正确的是（　　）。
   A. 确认寄件客户是否为其他快递公司或公司已通告的黑名单客户，如果是，必须立即用手持终端做收件异常操作备案
   B. 确认寄件地址是否为非本人负责区域或预约的收件时间不在本人负责收件时间段内，如果是，必须立即用手持终端做收件异常操作备案
   C. 如果订单信息不完整，无法获取完整订单信息，必须立即在手持终端上备案
   D. 每个收件班次接单时查台一次，确保当班次所有收件订单信息都已收到
5. 到达客户处时妥善放置已收取的快件，以下操作正确的是（　　）。
   A. 1kg 以内的快件必须入包（长度超过背包最大尺寸的 1kg 小件除外）
   B. 3kg（含 3kg）以下体积较小的快件尽量入包，背包必须随身携带
   C. 严禁将快件单独放置在无人看管的地方
   D. 不能随身携带的快件保证在 4m 视线范围内

二、判断题

1. 到达客户处时，妥善放置交通工具。确保交通工具的安全，且不得阻碍他人，不违章停放。 （　　）

2. 到达客户处，进门前整理好个人的仪容仪表。如果客户小区（公司）需要办理相关出入登记手续，应主动配合并及时归还客户小区（公司）的相关证明，如来访证、临时通行证等。 （　　）

3. 收派员在收到客服中心发送的订单信息后，在规定时限内上门收件，因客户原因无法收取快件（如客户不在或未准备好等）时，收派员直接在终端备案。 （　　）

4. 若客户未准备好快件，在客户处最长等待时长为5min，如果时间充足，可视情况延长，如果时间不足，就要礼貌地向客户说明，并确认下次来收件的时间，如果客户无法在当班次内准备好快件，应建议客户准备好快件后重新下单，同时，必须在手持终端上备案。 （　　）

5. 因收派员原因造成无法收件（如车坏、来不及收、大件需下午收或因件量大当班快件需转下一班次收等），需要在5min内向营业部主管或运作主管反馈，营业部主管或运作主管在受理此类信息时，需及时处理。收派员无须在手持终端上备案。 （　　）

活动工作页：上门取件

活动场地：快递网点或客户处
建议课时：2 课时

一、接受任务

取件员小飞接到客服中心发来的取件信息。信息为：来自 ×× 市 ×× 镇黄圃壹加壹对面 11 号、王先生、1kg 腊肠、发往广州天河区。取件员小飞接受了这个任务，目前正赶往客户处。请大家根据小飞所接受的工作任务，把小飞的工作内容与步骤写出来。

二、制订计划

本次活动要求同学们在课堂上分小组现场完成上门取件工作，请同学们分成学习小组，根据工作任务进行小组内部分工，制订工作计划。

序　号	工作内容	物料准备	注意事项
1	上门取件	电话、快递包、交通工具、相关证件、快递服等	
2	等待取件员上门取件，并交接快件		
3			
4			

三、任务实施

分　工	姓　名	主要职责	活动成果
组长		等待取件员上门取件，并交接快件	
成员 1		上门取件	
成员 2			
成员 3			
成员 4			

活动成果（一）：递名片

1. 取件员递名片给客户	分　值	得　分
（1）递送时，面带微笑、稍欠身、注视客户	20	
（2）名片务必正对客户	25	
（3）双手的拇指和食指分别握名片上端的两角送给客户	25	
（4）递名片时附上客气话	30	

活动成果（二）：取投递物

2. 取件员接受客户的投递物	分　值	得　分
（1）面带微笑、稍欠身、注视客户，迎前接物	30	
（2）双手接物，如果东西太小不能用双手时，一般要求用右手接物品	40	
（3）接物时附上客气话	30	

活动成果（三）：上门取件

项　目	角色分工	展示形式	要　求	时　间
上门取件	客户 客服 取件员	情景模拟	1．服务专业到位 2．动作规范利落 3．表达清晰热情	5 ～ 10min

任务评价 2-2

任务考核评价表

<table>
<tr><td>班 级</td><td></td><td colspan="3">任务名称</td><td>姓 名</td><td colspan="3"></td></tr>
<tr><td>学 号</td><td></td><td colspan="3">上门取件</td><td>组 别</td><td colspan="3"></td></tr>
<tr><td rowspan="2">评 价
项 目</td><td rowspan="2" colspan="2">评价标准</td><td>自我评价</td><td>组长评价</td><td>教师评价</td><td rowspan="2">分 值</td><td rowspan="2">小 计</td><td rowspan="2">总 分</td></tr>
<tr><td>10%</td><td>20%</td><td>70%</td></tr>
<tr><td rowspan="4">职业
能力</td><td colspan="2">1. 表达流利，思路清晰</td><td></td><td></td><td></td><td>10</td><td rowspan="4"></td><td rowspan="10"></td></tr>
<tr><td colspan="2">2. 热情，服务意识强</td><td></td><td></td><td></td><td>10</td></tr>
<tr><td colspan="2">3. 能驾驶非机动车</td><td></td><td></td><td></td><td>10</td></tr>
<tr><td colspan="2">4. 工作细致、踏实，有责任心</td><td></td><td></td><td></td><td>10</td></tr>
<tr><td rowspan="4">专业
能力</td><td colspan="2">1. 能独立做好取件准备</td><td></td><td></td><td></td><td>10</td><td rowspan="4"></td></tr>
<tr><td colspan="2">2. 能准确记录客户信息</td><td></td><td></td><td></td><td>10</td></tr>
<tr><td colspan="2">3. 能快速定位客户位置</td><td></td><td></td><td></td><td>10</td></tr>
<tr><td colspan="2">4. 能规范地完成取件</td><td></td><td></td><td></td><td>10</td></tr>
<tr><td rowspan="2">拓展
能力</td><td colspan="2">1. 在客户处能随机应对各种异常情况</td><td></td><td></td><td></td><td>10</td><td rowspan="2"></td></tr>
<tr><td colspan="2">2. 取件来回途中能处理各种突发情况</td><td></td><td></td><td></td><td>10</td></tr>
<tr><td>个人总结
与反思</td><td colspan="3"></td><td>指导教师
综合评价</td><td colspan="4">指导教师签名：
日期：</td></tr>
</table>

活动三 验视快件

课后练习题 2-3

一、选择题

1. 根据《快递服务》邮政行业标准，下列关于快件重量与规格中描述不正确的是（　　）。
   A.《快递服务》邮政行业标准对快件重量的规定为：国内单件快件重量不宜超过50kg
   B. 快件的单件包装规格任何一边的长度不宜超过 150cm，长宽高三边长度之和不宜超过 300cm
   C. 非宽体飞机载运的快件，每件快件重量一般不超过 80kg，体积一般不超过 40cm×60cm×100cm
   D.《铁路货物运输规程》规定：按零担托运的货物，一件体积最小不得小于 0.02m^3（一件重量在 20kg 以上的除外）
2. 下列关于禁限寄描述中，不正确的是（　　）。
   A. 限寄规定是本着照顾和方便客户的合法需要和正常往来，限制走私违法行为而制定的
   B. 限制的范围包括价值上的限制和数量上的限制，也就是通常所说的限值和限量
   C. 金银等贵重金属及制品属于限制寄递出境的物品
   D. 无线电收发信机、通信保密机不属于限制寄递出境的物品
3. 下列关于我国海关对限制寄递物品的限量和限值描述中，不正确的是（　　）。
   A. 卷烟、雪茄烟每件以两条（400 支）为限，两种合寄时也限制在 400 支之内
   B. 寄递烟丝、烟叶每次均以 5kg 为限，两种合寄不得超过 10kg，每人每次限寄一件，不准一次多件或多次交寄
   C. 寄往香港、澳门、台湾地区的个人物品，每次价值以不超过人民币 800 元为限，其中 400 元（含）以下全免税，400 元到 800 元的部分按一定比例免税
   D. 寄往香港、澳门、台湾地区的个人物品，中药材、中成药以人民币 200 元为限
4. 下列关于我国海关对限制寄递物品的限量和限值描述中，不正确的是（　　）。
   A. 寄往香港、澳门、台湾地区的个人物品，中药材、中成药以人民币 100 元为限
   B. 中成药是指商标上有“省（市）卫准字”的中成药，商标上有“省（市）卫健字”的保健中成药不属于限制范围
   C. 寄往国外的个人物品，每次价值以不超过人民币 1000 元为限，其中 500 元（含）以下免税，超过 500 元的部分需要征税

D. 寄往国外的个人物品，中药材、中成药以人民币 200 元为限

5. 寄递物品的验视内容不包括（　　）。

A. 检查寄递物品是否属于禁限物品

B. 检查寄递物品的实际数量，确保实际数量与运单上注明的数量保持一致

C. 识别寄递物品的名称，运单上的寄递物品名称与实际寄递物品名称保持一致

D. 检查寄递物品的质量，保证物品为合格产品

二、判断题

1. 检查托寄物品是否完好，如托寄物破损必须立刻与客户当面确认，并将托寄物的实际状态在备注栏中注明。（　　）

2. 如托寄物为装有电池的物品，应将电池与托寄物主体分离后再投寄。（　　）

3. 如全部物品属于公司规定不能托寄的物品范围，必须跟客户解释原因并将托寄物品退回，必须立即在手持终端做异常收件操作。（　　）

4. 如部分物品属于公司规定不能托寄的物品范围，可在客户同意后对其他物品进行收寄。（　　）

5. 如托寄物的价值超出公司收寄范围（包括高价值小件和大货、重货），应建议客户进行分单处理。对于单票价值超出公司要求且客户不接受分单建议和不能进行拆分的快件，收派员不可拒绝收取，并在手持终端上备案。（　　）

活动工作页：验视快件

活动场地：快递网点或客户处
建议课时：2 课时

一、接受任务

今天，路路通快递公司某网点进来 3 位客户准备办理寄递业务：客户张先生想邮寄一条红塔牌香烟给远方的亲戚；客户王小姐网购了一台豆浆机想寄往老家；客户冯先生打算给非洲朋友快递一双象牙筷子作为礼物。取件员小雨接受了任务，大家根据小雨所接受的工作任务，把小雨的工作内容与步骤写出来。

二、制订计划

本次活动要求同学们在课堂上分小组现场完成验视快件工作，请同学们分成学习小组，根据工作任务进行小组内部分工，制订工作计划。

序　号	工作内容	物料准备	注意事项
1	普通正常投递物品验视	违禁物品清单、限制性物品清单	
2	限制性投递物品验视	违禁物品清单、限制性物品清单	
3	违禁投递物品验视	违禁物品清单、限制性物品清单	
4	向客户解释		

三、任务实施

分　工	姓　名	主要职责	活动成果
组长		负责工作分工，向客户解释等工作	
成员 1		负责普通正常投递物品验视工作	
成员 2		负责限制性投递物品验视工作	
成员 3		负责违禁投递物品验视工作	
成员 4			

活动成果（一）：常规物品处理

序　号	工作任务	内件特点	操作要求
1	成员 1 验视客户张先生的投递物	符合投递标准	1. 熟悉业务流程 2. 动作规范到位 3. 表达清晰贴切 4. 服务热情体贴
处理简要			

活动成果（二）：限制物品处理

序　号	工作任务	内件特点	操作要求
2	成员 2 验视客户王小姐的投递物	含有限制物品	1. 熟悉业务流程 2. 动作规范到位 3. 表达清晰贴切 4. 服务热情体贴
处理简要			

活动成果（三）：违禁物品处理

序　号	工作任务	内件特点	操作要求
3	成员 3 验视客户冯先生的投递物	含有违禁物品	1. 熟悉业务流程 2. 动作规范到位 3. 表达清晰贴切 4. 服务热情体贴
处理简要			

任务评价 2-3

任务考核评价表

<table>
<tr><td>班 级</td><td colspan="2"></td><td colspan="3">任务名称</td><td>姓 名</td><td colspan="3"></td></tr>
<tr><td>学 号</td><td colspan="2"></td><td colspan="3">验视快件</td><td>组 别</td><td colspan="3"></td></tr>
<tr><td rowspan="2">评 价
项 目</td><td rowspan="2" colspan="2">评价标准</td><td>自我评价</td><td>组长评价</td><td colspan="2">教师评价</td><td rowspan="2">分 值</td><td rowspan="2">小 计</td><td rowspan="2">总 分</td></tr>
<tr><td>10%</td><td>20%</td><td colspan="2">70%</td></tr>
<tr><td rowspan="4">职业
能力</td><td colspan="2">1. 举止得体，表达清楚</td><td></td><td></td><td colspan="2"></td><td>10</td><td rowspan="4"></td><td rowspan="10"></td></tr>
<tr><td colspan="2">2. 工作认真、仔细、谨慎</td><td></td><td></td><td colspan="2"></td><td>10</td></tr>
<tr><td colspan="2">3. 热情、服务意识强</td><td></td><td></td><td colspan="2"></td><td>10</td></tr>
<tr><td colspan="2">4. 团队分工协作明确</td><td></td><td></td><td colspan="2"></td><td>10</td></tr>
<tr><td rowspan="4">专业
能力</td><td colspan="2">1. 能说出收寄验视现场工作流程</td><td></td><td></td><td colspan="2"></td><td>10</td><td rowspan="4"></td></tr>
<tr><td colspan="2">2. 能识别禁限寄物品</td><td></td><td></td><td colspan="2"></td><td>10</td></tr>
<tr><td colspan="2">3. 能规范验视各类投递物</td><td></td><td></td><td colspan="2"></td><td>10</td></tr>
<tr><td colspan="2">4. 能应对客户对验视的各种疑问</td><td></td><td></td><td colspan="2"></td><td>10</td></tr>
<tr><td rowspan="2">拓展
能力</td><td colspan="2">1. 能灵活处置验视异常情况</td><td></td><td></td><td colspan="2"></td><td>10</td><td rowspan="2"></td></tr>
<tr><td colspan="2">2. 能落实 6S 管理工作</td><td></td><td></td><td colspan="2"></td><td>10</td></tr>
<tr><td>个人总结与
反思</td><td colspan="3"></td><td>指导教师
综合评价</td><td colspan="5">指导教师签名：
日期：</td></tr>
</table>

活动四　填 写 运 单

课后练习题 2-4

一、选择题

1. 客户在快递服务中常用的付款方式有（　　）。
   A. 寄付　B. 到付　C. 第三方付　D. 第四方付
   E. 第五方付
2. 快递运单的正本一式多联，下面关于这些功能联描述错误的是（　　）。
   A. 派件联——该联由快递员取件签名后交寄件人自存，它用于查询快件状态
   B. 对账联——收货快递公司在月结客户收款时对账用的
   C. 寄件联——也称签收联，是给收件签收和派件公司统计派送情况用的
   D. 报关联——该联是进出口快件报关所专用的
   E. 收件联——该联贴在货物上，留给收件人的，当遇到问题时有利于投诉和理赔
3. 收 / 寄件人栏应填写（　　）信息。
   A. 姓名　B. 性别　C. 地址　D. 联系电话
   E. 工作单位
4. 货物信息栏包括（　　）信息。
   A. 货物名称　B. 货物重量
   C. 货物规格尺寸　D. 货物性质
   E. 货物产地
5. 运单的背书条款一般包含（　　）内容。
   A. 货物丢失、破损赔偿处理规定　B. 禁限寄物品投递规定
   C. 营业时间　D. 寄件人的权利与义务
   E. 快递公司的权利与义务

二、判断题

1. 无论客户是否选择保价，收派员都必须引导客户如实填写声明价值，声明价值填写单票货物的估算价值。（　　）

2. 托寄物的数量应填写实际数量并加注最小单位，如“个、件、只、把、片”等。（　　）

3. 检查收件客户的地址是否详细，电话是否多位或少位，联络人是否明确等，如果未按要求填写，需要指导客户详细填写。（　　）

4．检查收方客户如果是敏感部门、黑名单客户，应向客户解释并将快件退回，但不用在手持终端做异常收件操作备案。（ ）

5．检查托寄物资料栏，确认运单上填写的托寄物内容（包括托寄物名称、数量、价值）与检查、清点一致。若不一致，收派员需要修改运单。（ ）

活动工作页：填写运单

活动场地：快递网点或客户处
建议课时：2 课时

一、接受任务

7 月 9 日上午 10 时 25 分，路路通快递公司某网点营业厅里，客户廖强打算邮寄两台模型给远方的孙子，101812 号业务员小周受理此业务。廖强先生由于年纪较大，不善于书写，他向业务员提供了收寄相关信息，具体信息如下：寄件地址（珠海市香洲区翠海路 122 号 2 栋 3 楼东）；寄件公司（珠海市名人游艇有限公司）；寄件人（廖强）；联系电话（1391102××××）；收件地址（浙江省金华市宾虹西路 3999 号）；收件人（顾陶）；联系电话（1885711××××）；托寄物（2 台游艇模型 SP-3），保价、客户声明价值为 5000 元，重量为 3.5kg，包装纸箱长、宽、高分别为 35cm、30cm、24cm；付款方式（寄方廖强支付）；其他（原寄地代码：0760BC），要求次晨到达。请大家根据小周所接受的工作任务，把小周的工作内容与步骤写出来。

二、制订计划

本次活动要求同学们在课堂上分小组现场完成填写运单工作，请同学们分成学习小组，根据工作任务进行小组内部分工，制订工作计划。

序　号	工作内容	物料准备	注意事项
1	运单填写	快递单	
2	打印快递单	打印机、快递单、快递单打印软件	
3			
4			

三、任务实施

分　工	姓　名	主要职责	活动成果
组长		分配工作任务，检查运单填写工作	
成员 1		负责指导客户填写快递单的工作	

（续）

分　工	姓　名	主要职责	活动成果
成员 2		负责打印快递单的工作	
成员 3			
成员 4			

活动成果（一）：指导客户填写运单

姓　名	角　色	数　量	活动类型	时　间	活动要求	得分（100 分）
	取件员、客户	1 份	手写运单	3min	1．字迹清晰、工整	30
					2．填写规范、清楚	40
					3．服务热情、到位	30

活动成果（二）：检查客户运单

姓　名	角　色	数　量	活动类型	时　间	活动要求	得分（100 分）
	取件员	1 份	手写运单	3min	1．单件是否一致，需要重新清点	30
					2．发现填写错误，耐心指导	40
					3．内容是否遗漏，应提醒补上	30

活动成果（三）：打印运单

姓　名	角　色	数　量	活动类型	时　间	活动要求	得分（100 分）
	业务员	1 份	机打运单	3min	1．调试运单打印机	30
					2．更换打印机上的运单	30
					3．正确打印运单	40

任务评价 2-4

任务考核评价表

<table>
<tr><td>班 级</td><td colspan="2"></td><td colspan="2">任务名称</td><td>姓 名</td><td colspan="3"></td></tr>
<tr><td>学 号</td><td colspan="2"></td><td colspan="2">填写运单</td><td>组 别</td><td colspan="3"></td></tr>
<tr><td rowspan="2">评 价
项 目</td><td rowspan="2">评价标准</td><td>自我评价</td><td>组长评价</td><td colspan="2">教师评价</td><td rowspan="2">分 值</td><td rowspan="2">小 计</td><td rowspan="2">总 分</td></tr>
<tr><td>10%</td><td>20%</td><td colspan="2">70%</td></tr>
<tr><td rowspan="3">职业
能力</td><td>1. 工作积极认真，做事细心、有耐心</td><td></td><td></td><td colspan="2"></td><td>10</td><td rowspan="3"></td><td rowspan="10"></td></tr>
<tr><td>2. 回答客户问题，专业、简洁、清晰</td><td></td><td></td><td colspan="2"></td><td>10</td></tr>
<tr><td>3. 服务意识强</td><td></td><td></td><td colspan="2"></td><td>10</td></tr>
<tr><td rowspan="5">专业
能力</td><td>1. 知道运单的格式及各联的用途</td><td></td><td></td><td colspan="2"></td><td>10</td><td rowspan="5"></td></tr>
<tr><td>2. 会指导客户规范填写运单</td><td></td><td></td><td colspan="2"></td><td>10</td></tr>
<tr><td>3. 能检查客户的运单填写是否完整</td><td></td><td></td><td colspan="2"></td><td>10</td></tr>
<tr><td>4. 能解答客户针对背书条款的疑问</td><td></td><td></td><td colspan="2"></td><td>10</td></tr>
<tr><td>5. 会打印运单</td><td></td><td></td><td colspan="2"></td><td>20</td></tr>
<tr><td rowspan="2">拓展
能力</td><td>1. 会调试快递单打印机器</td><td></td><td></td><td colspan="2"></td><td>5</td><td rowspan="2"></td></tr>
<tr><td>2. 能灵活处理填单的各类突发情况</td><td></td><td></td><td colspan="2"></td><td>5</td></tr>
<tr><td>个人总结
与反思</td><td colspan="2"></td><td>指导教师
综合评价</td><td colspan="5">指导教师签名：
日期：</td></tr>
</table>

活动五 包装快件

课后练习题 2-5

一、选择题

1. 下列关于快件运单粘贴注意事项不正确的是（　　）。
   A. 运单粘贴必须保持平整，运单不能有褶皱，不能折叠，不能破损
   B. 挤出运单袋内的空气后再粘贴胶纸，避免挤破运单袋
   C. 使用不干胶运单直接粘贴时，应粘贴在骑缝线上
   D. 运单所填写的物品要与内件一致，避免运单错贴在其他快件上
2. 关于快件包装注意事项，说法错误的是（　　）。
   A. 禁止使用一切报刊类物品作为快件的外包装，如报纸、海报、图书、杂志等
   B. 对于价值较高的快件，采用包装箱进行包装，包装时应使用缓冲材料
   C. 对于一票多件的快件，如果是国际快件，必须按照一票多件操作规范进行操作
   D. 任何包装材料都不可重复使用
3. 以下说法正确的是（　　）。
   A. 纺织类物品，用纸质或塑料袋包装
   B. 小件物品以泡垫等材质较软的材料进行全部或局部包装
   C. 粉末状物品，用容器包装并做好衬垫
   D. 特产类物品必须进行保护性包装
4. 下列关于快件包装检查方法不准确的有（　　）。
   A. 检查外包装，若有明显破碎或撕裂，应按规定程序进行检查
   B. 用手晃动包装箱，感觉寄递物品与包装物之间有无摩擦和碰撞
   C. 只要外包装破碎，必须进行重新包装
   D. 将包装箱举过头顶摔落地面，查看是否牢固
5. 快件的单件包装规格任何一边的长度不宜超过（　　），长、宽、高三边长度之和不宜超过（　　）。
   A. 100cm　　B. 150cm　　C. 200cm　　D. 300cm

二、判断题

1. 若客户拒绝或无法改进包装，需要向客户解释并致歉表明无法收取，并在手持终端上备案。（　　）
2. 快件做件完毕后，不用立刻使用手持终端对运单进行扫描上传。（　　）

3．用大头笔在随货运单的左上角标明快件的目的地名称。 （ ）

4．对于不规则快件，应用大头笔在快件表面醒目且平整的位置标注完整的运单单号，然后用标有所在营业部代码的透明胶纸以“H”形将运单粘贴在写有运单单号的快件表面醒目且平整的位置。运单粘贴不能覆盖手写在快件上的运单单号。 （ ）

5．将寄件人存根联运单交给寄件客户，告知客户此单为寄件凭证，并将结账联装进背包或挎包的指定位置；其他各联运单为随货运单。 （ ）

活动工作页：包装快件

活动场地：快递网点或客户处
建议课时：2 课时

一、接受任务

今日，取件员小飞的业务比较忙。有 4 个客户同时要求寄件，经初步验视都符合投递要求。客户具体情况如下：客户 A 从广州邮寄一瓶红酒到北京；客户 B 从深圳邮寄苹果手机 1 部到广州进行维修；客户 C 从淘宝网上购得篮球 1 个；客户 D 托香港的朋友邮寄西餐刀具 1 套。取件员小飞接受了任务，请大家根据小飞所接受的工作任务，把小飞的工作内容与步骤写出来。

二、制订计划

本次活动要求同学们在课堂上分小组现场完成包装快件工作，请同学们分成学习小组，根据工作任务进行小组内部分工，制订工作计划。

序　号	工作内容	需要的资料工具用具	注意事项
1	易碎怕损类物品包装（红酒）	纸箱、防震薄膜、泡沫、剪刀、胶布、空气袋、快递袋	
2	电子产品包装（手机）	纸箱、防震薄膜、泡沫、剪刀、胶布、透明袋、快递袋	
3	非常规物品包装（篮球）	纸箱、填充物、剪刀、胶布、快递袋	
4	五金类物品包装（餐具）	纸箱、防震薄膜、泡沫、剪刀、胶布、填充物、快递袋	

三、任务实施

分　工	姓　名	主要职责	活动成果
组长		协调分工，检验包装质量	
成员 1		负责客户 A 的货物包装工作	
成员 2		负责客户 B 的货物包装工作	
成员 3		负责客户 C 的货物包装工作	
成员 4		负责客户 D 的货物包装工作	

活动成果（一）：易碎怕损类物品包装

要求	包装材料选择合适，无大材小用	包装动作规范到位，无野蛮操作	包装标识粘贴准确，无乱贴错贴	包装材料使用合理，无浪费挥霍	快件包装适合运输，无安全隐患
红酒	所需材料名称	包装动作名称	包装标识选择	包装材料数量	包装情况检查

活动成果（二）：电子产品包装

要求	包装材料选择合适，无大材小用	包装动作规范到位，无野蛮操作	包装标识粘贴准确，无乱贴错贴	包装材料使用合理，无浪费挥霍	快件包装适合运输，无安全隐患
手机	所需材料名称	包装动作名称	包装标识选择	包装材料数量	包装情况检查

活动成果（三）：非常规物品包装

要求	包装材料选择合适，无大材小用	包装动作规范到位，无野蛮操作	包装标识粘贴准确，无乱贴错贴	包装材料使用合理，无浪费挥霍	快件包装适合运输，无安全隐患
篮球	所需材料名称	包装动作名称	包装标识选择	包装材料数量	包装情况检查

活动成果（四）：五金类物品包装

要求	包装材料选择合适，无大材小用	包装动作规范到位，无野蛮操作	包装标识粘贴准确，无乱贴错贴	包装材料使用合理，无浪费挥霍	快件包装适合运输，无安全隐患
餐具	所需材料名称	包装动作名称	包装标识选择	包装材料数量	包装情况检查

任务评价 2-5

任务考核评价表

<table>
<tr><td>班 级</td><td colspan="2"></td><td colspan="3">任务名称</td><td>姓 名</td><td colspan="3"></td></tr>
<tr><td>学 号</td><td colspan="2"></td><td colspan="3">包装快件</td><td>组 别</td><td colspan="3"></td></tr>
<tr><td rowspan="2">评 价
项 目</td><td rowspan="2" colspan="2">评价标准</td><td>自我评价</td><td>组长评价</td><td colspan="2">教师评价</td><td rowspan="2">分 值</td><td rowspan="2">小 计</td><td rowspan="2">总 分</td></tr>
<tr><td>10%</td><td>20%</td><td colspan="2">70%</td></tr>
<tr><td rowspan="3">职业
能力</td><td colspan="2">1. 工作认真、仔细</td><td></td><td></td><td colspan="2"></td><td>5</td><td rowspan="3"></td><td rowspan="10"></td></tr>
<tr><td colspan="2">2. 服务意识强，热情</td><td></td><td></td><td colspan="2"></td><td>5</td></tr>
<tr><td colspan="2">3. 能协作和沟通</td><td></td><td></td><td colspan="2"></td><td>5</td></tr>
<tr><td rowspan="5">专业
能力</td><td colspan="2">1. 知道常用包装材料的特性</td><td></td><td></td><td colspan="2"></td><td>15</td><td rowspan="5"></td></tr>
<tr><td colspan="2">2. 能根据内件物的特点，选择合适的包装材料</td><td></td><td></td><td colspan="2"></td><td>15</td></tr>
<tr><td colspan="2">3. 能说出各类物品的包装规范</td><td></td><td></td><td colspan="2"></td><td>15</td></tr>
<tr><td colspan="2">4. 会规范地使用包装工具</td><td></td><td></td><td colspan="2"></td><td>15</td></tr>
<tr><td colspan="2">5. 能识别各种包装标识</td><td></td><td></td><td colspan="2"></td><td>10</td></tr>
<tr><td rowspan="2">拓展
能力</td><td colspan="2">1. 6S 管理到位</td><td></td><td></td><td colspan="2"></td><td>10</td><td rowspan="2"></td></tr>
<tr><td colspan="2">2. 会灵活变通，有创新想法</td><td></td><td></td><td colspan="2"></td><td>5</td></tr>
<tr><td>个人总结
与反思</td><td colspan="3"></td><td>指导教师
综合评价</td><td colspan="5">指导教师签名：
日期：</td></tr>
</table>

活动六　称 重 计 费

课后练习题 2-6

一、选择题

1．参考下表，查询到英国的 2.5kg 包裹快件运费价格为（　　）元。

A．90　　B．170　　C．280　　D．250

区域名	1 区	2 区	3 区	4 区	5 区
服务国家或地区	日本、韩国	埃及、南非	美国、加拿大	俄罗斯、英国、法国	新西兰

区域		1 区/元	2 区/元	3 区/元	4 区/元	5 区/元
文件类	0.5kg	90	100	120	90	130
	2kg	150	160	180	150	175
	2.5kg	170	180	200	170	190
包裹类	0.5kg	150	180	190	160	210
	1kg	180	220	235	190	250
	2kg	240	300	325	250	330
	2.5kg	270	340	370	280	370

2．轻泡件要依照国际航空运输协会规定的轻泡物计算公式折算（　　）。

A．毛重量　　B．体积重量　　C．净重量　　D．实际重量

3．轻泡件要比较体积重量和实际重量，体积重量（　　）实际重量的快件。

A．大于　　B．小于　　C．等于　　D．不一定

4．发件人直接支付当次的服务费用，取件员收取并在面单上注明收取费用数目的支付方式为（　　）。

A．寄付　　B．到付　　C．月结　　D．第三方付

5．与公司签订月结付款合同的长期客户，收派员在收取快件时，应核对月结账号，无误后直接收取不需要当时付款的支付方式为（　　）。

A．寄付　　B．到付　　C．月结　　D．第三方付

二、判断题

1. 将重量和运费告知客户后，不用填写在运单上的相应位置。 (　　)

2. 收派员与客户确认付款方式，并由收派员在运单上进行填写。 (　　)

3. 客户要求现金结算时，收派员需要注意钞票的真假。 (　　)

4. 在收取支票时要注意识别公司名是否准确、完整，印章、数字是否清晰正确，支票不要折叠，涂改无效，支票有效期限为 10 天，收到支票需要检查日期是否过期，并及时上交财务。 (　　)

5. 使用电子手秤（或客户处的秤）、卷尺测量快件的实际重量和轻泡重量，确定正确的计费重量（按照《重量取数及误差标准》）；如在客户处无法完成称重操作，可在征求客户同意的前提下，带回营业部称重计费，并及时将重量及运费信息反馈给客户。 (　　)

活动工作页：称重计费

活动场地：快递网点或客户处

建议课时：2 课时

一、接受任务

客户梁先生（1357089××××，中山市开发区金湾道电脑城 23 号）将 SONY 牌主机从中山市发往广西的客户（赖起锰，1332189××××，广西柳州市开发区安详小区 31 栋 1009 室），尺寸为 142cm×15cm×31cm，但不知道重量。由于紧急需要，务必 2 天之内到达。货物贵重，客户要求保价。业务员小芳接受了这个任务，请大家根据小芳所接受的工作任务，把小芳的工作内容与步骤写出来。下表为中山市某快递企业收费标准。

中山市某快递企业收费标准　　单位：元

区　域	目 的 地	首重 0.5kg	续重 0.5kg	10kg 以上	50kg 以上	100kg 以上	300kg 以上	到达时间工作日
吉林	长春、吉林、延吉、四平、梅河口	20	10	12	10	9	8	1～2 天
黑龙江	哈尔滨、牡丹江、漠河、鸡西、齐齐哈尔	20	10	12	10	9	8	1～2 天
陕西	西安、咸阳、宝鸡、延安	20	10	15	13	12	10	1～2 天
山西	太原、大同、运城、长治	20	10	12	10	9	8	1～2 天
甘肃	兰州、天水	20	10	15	13	12	10	2～3 天
青海	西宁	20	10	15	13	12	10	2～3 天
宁夏	银川	20	10	15	13	12	10	2～3 天
广西	南宁、桂林、柳州、梧州、北海	20	10	15	13	12	10	1～2 天
贵州	贵阳、遵义、毕节地区	20	10	15	13	12	10	1～2 天
新疆	乌鲁木齐	20	15	25	18	15	13	2～3 天
重庆	重庆（涪陵区、巴南区、北碚区、万州区）	20	10	15	13	12	10	1～2 天
海南	海口	20	10	15	13	12	10	2～3 天
云南	昆明	20	10	15	13	12	10	2～3 天

（续）

区　域	目 的 地	首重 0.5kg	续重 0.5kg	10kg 以上	50kg 以上	100kg 以上	300kg 以上	到达时间工作日
香港	香港	50	20	30	20	18	16	2～3天
台湾	台湾省内所有城市	80	40	60	55	50	40	2～3天

说明：1. 到达时间自收件之日 24:00 时起开始计算，如遇节假日顺延。
2. 轻泡货物按体积重量计算收费：长 × 宽 × 高 /6000= 体积重量。
3. 本公司不能到达的区域，可以改为 EMS 或 DHL。
4. 如果有特急件可直接与我公司联系，我公司将确保您的快件安全、准时到达。
5. 本公司另外还可以做 30 元以上到外地（除广州、东莞、杭州外）的对付业务。

二、制订计划

本次活动要求同学们在课堂上分小组现场完成快件称重计费工作，请同学们分成学习小组，根据工作任务进行小组内部分工，制订工作计划。

序　号	工 作 内 容	物 料 准 备	注 意 事 项
1	包装主机并填写运单	包装材料、运单	
2	根据客户要求，称重计费	电子秤、资费表	
3	为客户办理保价保险等业务	公司收费标准	
4	收取所有费用		

三、任务实施

分　工	姓　名	主 要 职 责	活 动 成 果
组长		协调分工，并检查相关费用是否得当	
成员 1		包装主机并填写运单	
成员 2		为客户办理保价保险等业务	
成员 3		称重计费	
成员 4		收取所有费用	

活动成果（一）：快件包装

项　目	物品名称	物品属性	包装材料选择	包装要求	注意事项
快件包装					

活动成果（二）：填写运单

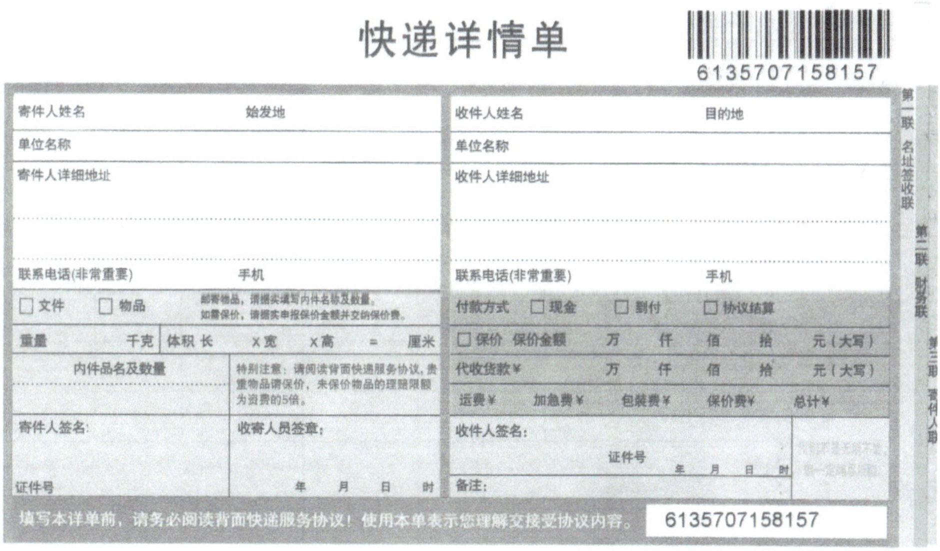
快递详情单
6135707158157
寄件人姓名　始发地
单位名称
寄件人详细地址
联系电话(非常重要)　手机
□ 文件　□ 物品　邮寄物品，请据实填写内件名称及数量。如需保价，请据实申报保价金额并交纳保价费。
重量　千克　体积 长　X宽　X高　=　厘米
内件品名及数量
特别注意：请阅读背面快递服务协议，贵重物品请保价，未保价物品的理赔限额为资费的5倍。
寄件人签名:
证件号
收寄人员签章:
年　月　日　时
收件人姓名　目的地
单位名称
收件人详细地址
联系电话(非常重要)　手机
付款方式　□ 现金　□ 到付　□ 协议结算
□ 保价　保价金额　万　仟　佰　拾　元（大写）
代收货款¥　万　仟　佰　拾　元（大写）
运费¥　加急费¥　包装费¥　保价费¥　总计¥
收件人签名:
证件号
年　月　日　时
备注:
填写本详单前，请务必阅读背面快递服务协议！使用本单表示您理解交接受协议内容。
6135707158157
第一联　名址签收联
第二联　财务联
第三联　寄件人联

活动成果（三）：快件称重

项　目	物品名称	选取称重工具	实际重量	体积重量	计费重量
快件称重					

活动成果（四）：快件计费

计算公式：

任务评价 2-6

任务考核评价表

<table>
<tr><td>班 级</td><td></td><td>任务名称</td><td>姓 名</td><td colspan="3"></td></tr>
<tr><td>学 号</td><td></td><td>称重计费</td><td>组 别</td><td colspan="3"></td></tr>
</table>

<table>
<tr><td rowspan="2">评价项目</td><td rowspan="2">评价标准</td><td>自我评价</td><td>组长评价</td><td>教师评价</td><td rowspan="2">分 值</td><td rowspan="2">小 计</td><td rowspan="2">总 分</td></tr>
<tr><td>10%</td><td>20%</td><td>70%</td></tr>
<tr><td rowspan="4">职业能力</td><td>1. 为人诚实正直</td><td></td><td></td><td></td><td>10</td><td rowspan="4"></td><td rowspan="10"></td></tr>
<tr><td>2. 做事认真、仔细</td><td></td><td></td><td></td><td>10</td></tr>
<tr><td>3. 公私分明，遵纪守法</td><td></td><td></td><td></td><td>10</td></tr>
<tr><td>4. 团队合作，互相协作</td><td></td><td></td><td></td><td>5</td></tr>
<tr><td rowspan="4">专业能力</td><td>1. 会使用简易称重工具</td><td></td><td></td><td></td><td>10</td><td rowspan="4"></td></tr>
<tr><td>2. 知道收费标准</td><td></td><td></td><td></td><td>15</td></tr>
<tr><td>3. 能独立快速地核算资费</td><td></td><td></td><td></td><td>15</td></tr>
<tr><td>4. 能解答客户对支付方式的疑问</td><td></td><td></td><td></td><td>15</td></tr>
<tr><td rowspan="2">拓展能力</td><td>1. 能灵活处理客户的资费疑问</td><td></td><td></td><td></td><td>5</td><td rowspan="2"></td></tr>
<tr><td>2. 能调试各类称重工具</td><td></td><td></td><td></td><td>5</td></tr>
<tr><td>个人总结与反思</td><td colspan="2"></td><td>指导教师综合评价</td><td colspan="4">指导教师签名：
日期：</td></tr>
</table>

活动七 交接管理

课后练习题 2-7

一、选择题

1. 在快件处理过程中，交接单一般都用于登记（　　）。
   A. 运输信息　　B. 数量 / 重量信息
   C. 总包信息　　D. 拆包信息
2. 登单的基本要求有（　　）。
   A. 字迹工整　　B. 信息完整　　C. 信息准确　　D. 不限时
3. 作为快件交接员，必须具备的职位要求有（　　）。
   A. 会用 Office 办公软件　　B. 打字速度快
   C. 良好的沟通能力　　D. 有良好的职业道德操守和强烈的责任心
   E. 具有团队合作意识，工作认真负责
4. 快件交接时，应检查运单（　　）。
   A. 是否粘贴牢固　　B. 是否填写完整
   C. 是否破损　　D. 是否模糊，看不清楚
5. 检查快件外包装是否牢固，主要是通过（　　）等动作进行检查。
   A. 看　　B. 听　　C. 闻　　D. 感　　E. 搬

二、判断题

1. 在规定的时间内将快件带回营业部。（　　）

2. 快件运回时，车辆运输途中要确保关好车门；摩托车和单车运输要保证小件入包、大件捆绑牢固、易碎品妥善放置，确保快件在运输途中的安全。（　　）

3. 收派员返回营业部后，复查运单（本公司收件存根联）和快件，确认无误后将运单与快件同时交予仓管员（必须是同一个仓管员），运单（本公司收件存根联）和快件移交仓管员后，原则上不允许再取回核对，并在收件交接表上填写运单票数、快件件数。（　　）

4. 仓管员接收运单及快件，检查快件及运单，并核对单件是否相符，若相符，则交由收派员在收件交接表上签字确认，若不相符，必须当面与收派员核实，如果交接过程中有其他异常，必须在“备注”栏中注明。（　　）

5. 收派员回到营业部仓库，及时完成大件及需要加固包装的快件的包装、称重计费操作，并将计费重量及运费第一时间告知领导。（　　）

活动工作页：交接管理

活动场地：快递网点或快件中转中心
建议课时：2 课时

一、接受任务

今天取件员小华共收 150 份快件（其中 1 份易碎件，2 份保价件，1 份到付件），营业款共计 865 元。下午 5 点，他回网点分部进行交接管理工作。假如仓管员小双接受了快件交接任务，请大家根据小双所接受的工作任务，把小双的工作内容与步骤写出来。

附录部分快件信息

寄件人	寄件地址	寄件人电话	收件人	收件地址	收件人电话	货物类型	重量	金额	付款方式
赖梅	中山市黄圃镇马安路口	1332978×××	马启联	北京海淀区商贸大厦 31 栋	1331098×××	手机	1.1kg	22 元	到付
梁志聪	中山市黄圃镇兴圃大道 3 号	1358090×××	谭全霖	福建省泉州市工业园 38 号	1382265×××	衣服	2.3kg	15 元	寄付
黄桂坚	中山市黄圃镇横栏村 24 号	1384756×××	梁婉仪	浙江省温州市瓯海区梧田温中路 165 号	1375450×××	衣架	3.4kg	16 元	寄付
林家成	中山市黄圃镇壹加壹商场对面	1310098×××	郝德玛	云南省大理市大理古城弘圣路 2 号	1352679×××	茶叶	4.5kg	16 元	寄付

二、制订计划

本次活动要求同学们在课堂上分小组现场完成快件交接工作，请同学们分成学习小组，根据工作任务进行小组内部分工，制订工作计划。

序 号	工作内容	物料准备	注意事项
1	清点快件数量	交接单、笔	
2	核算营业额	点钞机、收据	
3	清点单据数量		

（续）

序 号	工作内容	物料准备	注意事项
4	特殊快件处理		
5	核对快件款项，填好交接清单		

三、任务实施

分 工	姓 名	主要职责	活动成果
组长		协调分工，核对快件款项，填好交接清单	
成员 1		清点快件数量	
成员 2		清点单据数量	
成员 3		核算营业额	
成员 4		特殊快件处理	

活动成果（一）：收寄清单的填写

序 号	运 单 号	重 量	付款方式	目 的 地	日 期	时 间	收件员姓名	备 注
1								
2								
3								
4								
5								

活动成果（二）：运单上大字书写

目 的 地	正确的大字	目 的 地	正确的大字
广东省佛山市顺德		广东省肇庆市德庆县	
广东省佛山市高明区		广东省肇庆市封开县	

（续）

目的地	正确的大字	目的地	正确的大字
广东省云浮市新兴县		广东省汕头市澄海区	
广东省惠州市博罗县		广东省揭阳市普宁市	
广东省惠州市惠东县		广东省茂名市高州市	
广东省惠州市惠阳区		广东省清远市英德市	
广东省肇庆市四会市		广东省清远市佛冈县	
广东省江门市鹤山市		广东省深圳市宝安区	
广东省江门市开平市		广东省深圳市龙岗区	
广东省江门市恩平市		广东省深圳市罗湖区	
广东省江门市台山市		广东省深圳市福田区	
广东省梅州市五华县		广东省汕尾市海丰县	
广东省梅州市兴宁市		广东省云浮市郁南县	
广东省韶关市新丰县		广东省汕头市潮阳区	

活动成果（三）：交款交单

项目	快件数量是否正确/分	营业款是否正确/分	快递单数量是否正确/分	特殊快件是否单独处理/分	交接清单是否填写完整/分	总分/分
要求	20	20	20	20	20	100
结果						

活动成果（四）：异常处理

情况	处理办法
运单信息看不清	
无运单	
快件数量不符	

任务评价 2-7

任务考核评价表

<table>
<tr><td>班　级</td><td></td><td colspan="2">任务名称</td><td>姓　名</td><td colspan="3"></td></tr>
<tr><td>学　号</td><td></td><td colspan="2">交接管理</td><td>组　别</td><td colspan="3"></td></tr>
<tr><td rowspan="2">评　价
项　目</td><td rowspan="2">评价标准</td><td>自我评价</td><td>组长评价</td><td>教师评价</td><td rowspan="2">分　值</td><td rowspan="2">小　计</td><td rowspan="2">总　分</td></tr>
<tr><td>10%</td><td>20%</td><td>70%</td></tr>
<tr><td rowspan="5">职业
能力</td><td>1．会用 Office 办公软件</td><td></td><td></td><td></td><td>10</td><td rowspan="5"></td><td rowspan="11"></td></tr>
<tr><td>2．打字速度 50 字 / 分钟</td><td></td><td></td><td></td><td>10</td></tr>
<tr><td>3．良好的沟通能力</td><td></td><td></td><td></td><td>5</td></tr>
<tr><td>4．具有团队合作意识，工作认真负责</td><td></td><td></td><td></td><td>5</td></tr>
<tr><td>5．正直诚信，有良好的职业道德操守</td><td></td><td></td><td></td><td>5</td></tr>
<tr><td rowspan="4">专业
能力</td><td>1．能填写收寄清单</td><td></td><td></td><td></td><td>10</td><td rowspan="4"></td></tr>
<tr><td>2．能独立完成手工登单工作</td><td></td><td></td><td></td><td>15</td></tr>
<tr><td>3．能用规范的大字书写</td><td></td><td></td><td></td><td>15</td></tr>
<tr><td>4．能完成交款、交件工作</td><td></td><td></td><td></td><td>15</td></tr>
<tr><td rowspan="2">拓展
能力</td><td>1．能灵活处理交款、交件过程中的异常情况</td><td></td><td></td><td></td><td>5</td><td rowspan="2"></td></tr>
<tr><td>2．在交接管理过程有创新操作</td><td></td><td></td><td></td><td>5</td></tr>
<tr><td>个人总结
与反思</td><td colspan="2"></td><td>指导
教师
综合
评价</td><td colspan="4">指导教师签名：
日期：</td></tr>
</table>

活动八　收件异常处理

课后练习题 2-8

一、选择题

1．收件时，托寄物品无法确定性质或价值的，收派员应（　　）。

A．与客户解释清楚，并请客户提供物品的有效证明资料

B．直接拒收

C．立即在手持终端上备案

D．请求第三方验证机构确定

2．客户拒绝接受检查托寄物品，（　　）。

A．收派员应耐心给予客户解释并礼貌地告知检查托寄物品的原因及我司不予受理收寄的物品

B．经收派员解释，客户同意检查货物，则当客户面检查快件托寄物品

C．经收派员解释，客户还是坚持不同意检查货物时，需要向客户致歉表明无法收取，并在手持终端上备案

D．收派员应拒收并迅速离开客户处

3．至客户处，客户取消寄件，收派员应（　　）。

A．询问原因并在手持终端上备案

B．要求赔偿路费和人工费

C．终止对该快件的收件准备，无须做其他操作处理

D．与客户理论并争取违约金

4．快件已收取，客户需要更改托寄物品，（　　）。

A．客户应致电我司客服部，客服部将相关信息反馈给收派员

B．收派员应将快件带回办事处交仓管员跟进

C．若快件已经发车参加中转，收派员需要在 5min 内致电客服部说明快件已发出，无法更改

D．更换托寄物品时，收派员应修改运单上的相关内容（托寄物资料、重量、运费、付款方式、寄件日期等）。如果涉及重量和运费修改，严禁直接涂改原重量、运费，必须在备注栏内注明正确的重量、运费，收取或退还相应的运费差额，并请客户在运单上重新签名确认

5. 回仓后包装破损，收派员应（　　）。

A. 对快件进行复称，并检查托寄物品是否损坏或短缺，拆开外包装清点时，必须有包括营业部负责人在内的两人（含）以上同时在场

B. 在有效监控范围内拆包清点

C. 致电客户，告知外包装及托寄物损毁情况

D. 如果客户同意寄出，就将快件重新包装后寄出，并在手持终端上备案

二、判断题

1. 快件未赶上正常班次中转时，收派员及时通知客户，解释未赶上中转的原因，并告知客户下班次具体的发出、到达时间。（　　）

2. 按订单信息中所留的联系电话同客户进行联系，若联系不上客户，必须在手持终端上备案。（　　）

3. 客户未处理好快件，收派员应耐心等待客户准备快件，直到客户处理完毕。（　　）

4. 寄件客户不在而且未留下快件时，收派员应在客户处耐心等待，并在手持终端上备案。（　　）

5. 营业部复称发现重量不符时，必须在当班次停止收件入仓前通知客户，告知复称后的重量及重新计算的运费。（　　）

活动工作页：收件异常处理

活动场地：快递网点或客户处
建议课时：2 课时

一、接受任务

今天收派员小汉在收件过程中遇到不少麻烦：
情况 1：客户 A 不在，将快件留在前台。
情况 2：至客户 B 处，客户取消寄件。
情况 3：客户 C 拒绝检查货物。
情况 4：回仓时，发现包装破损。
情况 5：快件未参加中转，客户 D 要求更改收件地址。

这些异常情况是收件工作的一部分，假如你是收派员小汉，遇到这样的工作情况，请根据小汉所接受的工作任务，把小汉的工作内容与步骤写出来。

二、制订计划

本次活动要求同学们在课堂上分小组现场完成收件异常处理的流程，请同学们分成学习小组，根据工作任务进行小组内部分工，制订工作计划。

序　号	工作内容	物料准备	注意事项
1	收件异常处理		
2			
3			
4			

三、任务实施

分　工	姓　名	主要职责	活动成果
组长		处理收件异常情况 1	
成员 1		处理收件异常情况 2	
成员 2		处理收件异常情况 3	
成员 3		处理收件异常情况 4	
成员 4		处理收件异常情况 5	

活动成果（一）：客户 A 不在，将快件留在前台

活动成果（二）：至客户 B 处，客户取消寄件

活动成果（三）：客户 C 拒绝检查货物

活动成果（四）：回仓时，发现包装破损

活动成果（五）：快件未参加中转，客户 D 要求更改收件地址

任务评价 2-8

任务考核评价表

<table>
<tr><td>班　级</td><td colspan="2"></td><td colspan="2">任务名称</td><td>姓　名</td><td colspan="3"></td></tr>
<tr><td>学　号</td><td colspan="2"></td><td colspan="2">收件异常处理</td><td>组　别</td><td colspan="3"></td></tr>
<tr><td rowspan="2">评　价
项　目</td><td rowspan="2">评价标准</td><td>自我评价</td><td>组长评价</td><td>教师评价</td><td rowspan="2">分　值</td><td rowspan="2">小　计</td><td rowspan="2">总　分</td></tr>
<tr><td>10%</td><td>20%</td><td>70%</td></tr>
<tr><td rowspan="3">职业
能力</td><td>1. 思维反应敏捷，做事麻利</td><td></td><td></td><td></td><td>5</td><td rowspan="3"></td><td rowspan="20"></td></tr>
<tr><td>2. 服务意识好，工作认真、细心</td><td></td><td></td><td></td><td>5</td></tr>
<tr><td>3. 团队配合默契，善于沟通</td><td></td><td></td><td></td><td>5</td></tr>
<tr><td rowspan="15">专业
能力</td><td>1. 能处理大件货物</td><td></td><td></td><td></td><td>5</td><td rowspan="15"></td></tr>
<tr><td>2. 能灵活处理客户未准备好的快件</td><td></td><td></td><td></td><td>5</td></tr>
<tr><td>3. 能处理未赶上正常班次的快件</td><td></td><td></td><td></td><td>5</td></tr>
<tr><td>4. 能灵活处理订单过多的问题</td><td></td><td></td><td></td><td>5</td></tr>
<tr><td>5. 能处理无法确定托寄物性质和价值的快件</td><td></td><td></td><td></td><td>5</td></tr>
<tr><td>6. 能完成客户中途修改信息操作</td><td></td><td></td><td></td><td>5</td></tr>
<tr><td>7. 能完成客户中途更换托寄物操作</td><td></td><td></td><td></td><td>5</td></tr>
<tr><td>8. 能灵活处理客户拒绝验视快件</td><td></td><td></td><td></td><td>5</td></tr>
<tr><td>9. 知道客户取消寄件的处理流程</td><td></td><td></td><td></td><td>5</td></tr>
<tr><td>10. 能处理客户退件的要求</td><td></td><td></td><td></td><td>5</td></tr>
<tr><td>11. 能处理回仓后包装破损的快件</td><td></td><td></td><td></td><td>5</td></tr>
<tr><td>12. 能处理客户不在的快件</td><td></td><td></td><td></td><td>5</td></tr>
<tr><td>13. 能处理客户地址不详的快件</td><td></td><td></td><td></td><td>5</td></tr>
<tr><td>14. 能处理托寄物重量不符的快件</td><td></td><td></td><td></td><td>5</td></tr>
<tr><td>15. 能处理门卫不让进入派件等问题</td><td></td><td></td><td></td><td>5</td></tr>
<tr><td rowspan="2">拓展
能力</td><td>1. 能优化异常情况处理流程</td><td></td><td></td><td></td><td>5</td><td rowspan="2"></td></tr>
<tr><td>2. 能快速地识别异常情况</td><td></td><td></td><td></td><td>5</td></tr>
<tr><td>个人总结
与反思</td><td colspan="2"></td><td>指导教师
综合评价</td><td colspan="4">指导教师签名：
日期：</td></tr>
</table>

任务内容

任务三　快件处理作业

活动一　接收快件
活动二　分拣快件
活动三　封装快件
活动四　发运快件
活动五　问题件处理

任务三　快件处理作业

活动一 接收快件

课后练习题 3-1

一、选择题

1. 下列选项中，（　　）属于卸载总包堆码的安全要求。
   A. 如果卸载的总包堆码在手动运输的托盘、拖车、拖板上，注意堆码重量不得超过设备材质和承载的限定要求。堆码宽度应小于底板尺寸
   B. 卸载体积偏大、偏重的总包快件时，应双人或多人协作或使用设备卸载
   C. 对于托盘、拖车、堆码高度不应高于托盘和拖车把手
   D. 使用托盘、拖车运输时，应分清车头车尾，不得反向操作
   E. 对于拖板，堆码高度不应高于标准人体高度，以防在快件倒塌时砸伤人
2. 人工拆解总包的正确流程为（　　）。
   A. 扫描快件信息→扫描总包信息→拆解总包→清理快件→检视总包→清理现场
   B. 检视总包→扫描总包信息→拆解总包→扫描快件信息→清理快件→清理现场
   C. 检视总包→拆解总包→扫描总包信息→清理快件→扫描快件信息→清理现场
   D. 检视总包→扫描总包信息→拆解总包→清理快件→扫描快件信息→清理现场
3. 交接单主要用于（　　）。
   A. 收寄派送网点与分拣中心之间的总包交接
   B. 客户与分拣中心之间的快件交接
   C. 快件运输环节与分拣中心或中转站之间交换的总包交接
   D. 分拣中心或中转站与委托运输方之间的总包交接
4. 封志分为（　　）和（　　）两大类。
   A. 信息封志　　B. 实物封志　　C. 封签　　D. 封包
5. 右图中（黑底白字），标识内容为（　　）。
   A. 致死致伤有毒气体（氟、氯、氰化物）
   B. 爆炸药剂及制成品
   C. 可燃液体
   D. 裂变性物质
   E. 燃油

二、判断题

1. 拆解铅封时，剪断容器封口封志的扎绳，不要损伤其他部分；保持包牌在绳扣上不脱落。（　）

2. 拆解铅封时，剪掉绳扣上的包牌，不用保存。（　）

3. 拆解塑料封口时，将塑料封志上的包牌剪掉，保证包牌完整。（　）

4. 不规则快件、一票多件快件、需要特殊处理或当面交接的快件应该单独码放。（　）

5. 卸载的总包堆码在手动运输的托盘、拖车、拖板上，注意堆码宽度应小于底板尺寸。（　）

活动工作页：接收快件

活动场地：快件处理中心
建议课时：2 课时

一、接受任务

某日，广东中山一快递公司各网点已将今天所收寄的快件装袋汇总，由快递公司委派专用运输车辆集中运往公司的中山快件处理中心。现在分拨中心已停靠四辆快件运输车，等待快件卸载交接。假如快件处理人员小李接受了这个任务，请大家根据小李所接受的工作任务，写出工作内容与步骤。

车辆相关信息如下：

车　号	车牌号	司　机	封志号	总包数	总重量	备　注
1 号	粤 T30S49	安德	23142643893	12 袋	101.8kg	来自三乡、南朗、五桂山
2 号	粤 T2A045	林广彬	23146784659	10 袋	97.5kg	来自南头、黄圃、民众
3 号	粤 T10H34	马丽华	23145697383	13 袋	83.8kg	来自港口、石岐、东区
4 号	粤 T50H84	何靖	23145656098	15 袋	83.8kg	来自沙溪、横栏、东升

二、制订计划

本次活动要求同学们在课堂上分小组现场完成接收快件的流程，请同学们分成学习小组，根据工作任务进行小组内部分工，制订工作计划。

序　号	工作内容	物品准备	注意事项
1	引导车辆有序进站		
2	拆解封志	拆解专用剪、扫描枪等	
3	称重计费	秤、交接单	
4	卸载并拆解总包	叉车、托盘、推车、输送带等	
5	各类快件的接收操作		

三、任务实施

分 工	姓 名	主要职责	活动成果
组长		引导车辆，安排人员接收并卸载快件总包，拆解封志称重计费	
成员 1		航空出港中转快件的接收操作	
成员 2		汽运主干线到达快件的接收操作	
成员 3		进港中转快件的接收操作	
成员 4		汽运主干线中转快件的接收操作	

活动成果（一）：填写交接单

发日　　　　收日

××××快递公司交接单

编 号				由 交			编 号		总页数		页 号		
号码		始发站	接收站	袋	重量	备注	号码		始发站	接收站	袋	重量	备注
1							11						
2							12						
3							13						
4							14						
5							15						
6							16						
7							17						
8							18						
9							19						
10							20						
寄发人员签章				接收人员签章					总计		总重量/kg		

活动成果（二）：拆解封志

标志图标	封志名称	拆解步骤	标志图标	封志名称
			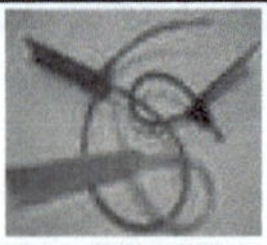	
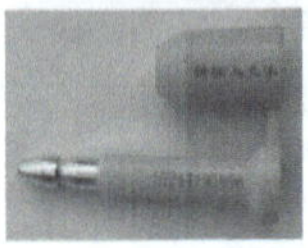			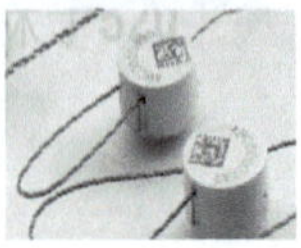	

活动成果（三）：人工拆解总包

项　目	类　型	所需工具	时　间	拆解步骤	拆解要求	得　分
拆解总包	人工拆解		15min			

活动成果（四）：总包卸载拆解异常情况登记

异常情况说明	出现频率	处理方法
总包发运路向不正确		
总包规格、重量不符合要求		
袋牌或标签出现脱落或字迹不清、无法辨别的现象		
总包有破损或拆动的痕迹		
总包出现水湿、油污等现象		

活动成果（五）：差异报告的缮写

快件于 2016 年 7 月 27 日由中山三乡网点运达中山三角处理中心，快件在进行中转处理时发现以下问题：

（1）路单上登录 12 袋总包，实收 11 袋，缺少 No.10005 总包，其他情况无异常。

由　　　　　　　　　　　　　　处理中心（营业网点）发至　　　　　　　　　　　　　　处理中心（营业网点）
验明各种差错和不合事项如下：
附件：
经手人员： 主管人员： 发验部门章： 年　月　日

（2）编号 No.10814 总包内快件件数为 17 件，与清单上的 18 件不符，经查，总包封志完好无损，无拆动痕迹。

由　　　　　　　　　　　　　　处理中心（营业网点）发至　　　　　　　　　　　　　　处理中心（营业网点）
验明各种差错和不合事项如下：
附件：
经手人员： 主管人员： 发验部门章： 年　月　日

任务评价 3-1

任务考核评价表

<table>
<tr><td>班 级</td><td></td><td colspan="3">任务名称</td><td>姓 名</td><td colspan="2"></td></tr>
<tr><td>学 号</td><td></td><td colspan="3">接收快件</td><td>组 别</td><td colspan="2"></td></tr>
<tr><td rowspan="2">评价项目</td><td rowspan="2">评价标准</td><td>自我评价</td><td>组长评价</td><td>教师评价</td><td rowspan="2">权 重</td><td rowspan="2">小 计</td><td rowspan="2">总 分</td></tr>
<tr><td>10%</td><td>20%</td><td>70%</td></tr>
<tr><td rowspan="4">职业能力</td><td>1. 工作认真、仔细，吃苦耐劳</td><td></td><td></td><td></td><td>10</td><td rowspan="4"></td><td rowspan="10"></td></tr>
<tr><td>2. 团队分工明确，服从安排</td><td></td><td></td><td></td><td>10</td></tr>
<tr><td>3. 准备充分，按要求着装，工具材料摆放整齐</td><td></td><td></td><td></td><td>10</td></tr>
<tr><td>4. 安全操作到位规范，做好现场清理</td><td></td><td></td><td></td><td>10</td></tr>
<tr><td rowspan="4">专业能力</td><td>1. 会航空出港中转快件的接收操作</td><td></td><td></td><td></td><td>10</td><td rowspan="4"></td></tr>
<tr><td>2. 会汽运主干线到达快件的接收操作</td><td></td><td></td><td></td><td>10</td></tr>
<tr><td>3. 会进港中转快件的接收操作</td><td></td><td></td><td></td><td>10</td></tr>
<tr><td>4. 会汽运主干线中转发出快件的接收操作</td><td></td><td></td><td></td><td>10</td></tr>
<tr><td rowspan="2">拓展能力</td><td>1. 能处理面单脱落、液体渗漏、包装破损等异常情况</td><td></td><td></td><td></td><td>10</td><td rowspan="2"></td></tr>
<tr><td>2. 能整理快件、优化流程，促进接收效率提高</td><td></td><td></td><td></td><td>10</td></tr>
<tr><td>个人总结与反思</td><td colspan="2"></td><td>指导教师综合评价</td><td colspan="4">指导教师签名：
日期：</td></tr>
</table>

活动二　分拣快件

课后练习题 3-2

一、选择题

1. 广东省的简称为（　　）。

A. 琼　　B. 闽　　C. 湘　　D. 粤

2. 浙江省的省会是（　　）。

A. 宁波　　B. 温州　　C. 金华　　D. 杭州

3. 山东省济南市使用的邮政编码是（　　）。

A. 220000　　B. 230000　　C. 240000　　D. 250000

4. 山西省太原市的电话区号是（　　）。

A. 0352　　B. 0361　　C. 0351　　D. 0451

5. 半自动机械分拣取件时，（　　）抓（托）住快件两侧，贴近身体顺着快件运动方向拣取。

A. 手臂　　B. 手指　　C. 单手　　D. 双手

二、判断题

1. 取件时，较轻快件双手抓（托）住快件两侧，较重快件双手托住底部或抓牢两侧的抓握位，贴近身体顺着快件运动方向拣取。（　　）

2. 采用左手抽格时，用左手托住快件的右上角，左臂托住快件的左下角，或左手托住快件的左下角，拇指捻件，右手投入并用中指轻弹入格。（　　）

3. 快件在指定位置上机传输，运单一面向上，平稳放置，宽度不得超过传输带的实际宽度。（　　）

4. 分拣时操作员站位距分拣格口的距离要适当，一般在 10 ～ 20cm。（　　）

5. 禁寄物品是国家法律、法规明确禁止寄递的物品。（　　）

活动工作页：分拣快件

活动场地：快件处理中心
建议课时：2 课时

一、接受任务

完成快件到站接收工作后，快件已陆续被放置在输送带上，进入快件分拣环节。该处理中心的分拣员小虎接受了这样的任务，大家根据小虎所接受的工作任务，把小虎的工作内容与步骤写出来。部分快件信息如下表所示：

货物名称	数　量	单　位	收件地址	备　注
计算机	1	台	中山市黄圃镇大丰路 35 号	
电子琴	1	台	广州市番禺意祥路 45 号	
电磁炉	2	台	佛山市三明区人民东路 23 号	
手机	2	部	西安市大兴西路 22 号	
男装	3	套	南宁市新华街 23 号	
女士皮鞋	6	双	昆明市吴井路 12 号	
儿童玩具	1	个	大连市五里河新村 20 号	
打火机	2	个	北京市外环五路 20 号	
豆浆机	4	台	成都市金牛区工业大厦 A#2	
红枣	12	斤	青岛市广州路 21 号	
背包	2	个	石家庄市新华区和平西路 598 号	
洗面乳	3	瓶	厦门市思明区思明南路 422 号	
奶粉	2	罐	南昌市东湖区八一大道 603 号	

二、制订计划

本次活动要求同学们在课堂上分小组现场完成快件分拣的流程，请同学们分成学习小组，根据工作任务进行小组内部分工，制订工作计划。

序　号	工作内容	物品准备	注意事项
1	人工分拣信件类快件	分拣格	
2	半自动分拣包裹类快件	扫描枪、输送带、笼车、大记号笔	
3			
4			

三、任务实施

分　工	姓　名	主要职责	活动成果
组长		分配任务，检查分拣情况	
成员 1		负责人工分拣信件类快件	
成员 2		负责人工分拣信件类快件	
成员 3		负责半自动分拣包裹类快件	
成员 4		负责半自动分拣包裹类快件	

活动成果（一）：人工分拣信件类快件

信件类快件的寄达地址	所在省份	区号代码	人工分拣操作要求
中山市黄圃镇大丰路 35 号			时间为 70s，每超时 3s 扣 1 分 将信件放至指定的格口，放对得 1 分，放错扣 1 分 拿取信件动作不规范扣 5 分 信件的单面未朝上，每票扣 1 分 信件滑落每票扣 3 分 分拣完未及时整理扣 5 分 暴力分拣，损坏信件扣 10 分 总分 100 分
广州市番禺意祥路 45 号			
佛山市三明区人民东路 23 号			
西安市大兴西路 22 号			
南宁市新华街 23 号			
昆明市吴井路 12 号			
大连市五里河新村 20 号			
北京市外环五路 20 号			
成都市金牛区工业大厦 A#2			
青岛市广州路 21 号			
石家庄市新华区和平西路 598 号			
厦门市思明区思明南路 422 号			
南昌市东湖区八一大道 603 号			

活动成果（二）：半自动分拣包裹类快件

输送带上正在分拣快件，快件的目的地城市已标明。请将这些快件拣取到对应的笼车中，如下图所示：

粤　苏　甘　琼　湘

惠州市　福州市　郴州市　株洲市　温州市　杭州市　扬州市

兰州市　桂林市　苏州市　郑州市　广州市　泉州市

豫　贵　闽　浙　桂

活动成果（三）：违限禁物品识别

金耳环、银元、梳子、人民币、书、纸张、无线电收发信机、衬衣、麝香、一般文物、iPad、有价证券、手机、通信保密机、卷烟、中成药、钢笔、氢气	1．左边哪些物品是限制寄递出境物品？
铅笔、砒霜、发令纸、梳子、火柴、固体胶、书、蓄电池、纸张、麻黄素、铀、衬衣、仿真武器、MP4、有价证券、手机、汽油	2．左边哪些物品是禁限寄物品？

活动成果（四）：特殊快件的分拣

分拣要领：　分拣要领：　分拣要领：　分拣要领：

易碎品快件　特长快件　贵重物品快件　化学用品快件

任务评价 3-2

任务考核评价表

<table>
<tr><td>班 级</td><td></td><td colspan="3">任务名称</td><td>姓 名</td><td colspan="2"></td></tr>
<tr><td>学 号</td><td></td><td colspan="3">分拣快件</td><td>组 别</td><td colspan="2"></td></tr>
<tr><td rowspan="2">评 价
项 目</td><td rowspan="2">评价标准</td><td>自我评价</td><td>组长评价</td><td>教师评价</td><td rowspan="2">分 值</td><td rowspan="2">小 计</td><td rowspan="2">总 分</td></tr>
<tr><td>10%</td><td>20%</td><td>70%</td></tr>
<tr><td rowspan="4">职业能力</td><td>1. 团队分工明确，服从安排、工作认真，吃苦耐劳</td><td></td><td></td><td></td><td>10</td><td rowspan="4"></td><td rowspan="10"></td></tr>
<tr><td>2. 准备充分，按要求着装，工具材料摆放整齐</td><td></td><td></td><td></td><td>10</td></tr>
<tr><td>3. 熟悉分拣设备，具有安全操作意识，做好现场清理</td><td></td><td></td><td></td><td>10</td></tr>
<tr><td>4. 具备扎实的地理常识和行政划分知识</td><td></td><td></td><td></td><td>10</td></tr>
<tr><td rowspan="4">专业能力</td><td>1. 会航空出港中转快件的分拣操作</td><td></td><td></td><td></td><td>10</td><td rowspan="4"></td></tr>
<tr><td>2. 会汽运主干线到达快件的分拣操作</td><td></td><td></td><td></td><td>10</td></tr>
<tr><td>3. 会进港中转快件的分拣操作</td><td></td><td></td><td></td><td>10</td></tr>
<tr><td>4. 会汽运主干线中转发出快件的分拣操作</td><td></td><td></td><td></td><td>10</td></tr>
<tr><td rowspan="2">拓展
能力</td><td>1. 能灵活处理机器故障、快件异常、材料不足等情况</td><td></td><td></td><td></td><td>10</td><td rowspan="2"></td></tr>
<tr><td>2. 在规范分拣的基础上，能优化分拣流程</td><td></td><td></td><td></td><td>10</td></tr>
<tr><td>个人总结
与反思</td><td colspan="2"></td><td>指导教师
综合评价</td><td colspan="4">指导教师签名：
日期：</td></tr>
</table>

活动三 封装快件

课后练习题 3-3

一、选择题

1. 封发作业必须使用（　　）建立总包。
   A. 封装空袋、封志　　B. 封志、包牌
   C. 封装空袋、封志、包牌　　D. 封装空袋、包牌
2. 一票多件的快件要（　　）。
   A. 集中装车码放　　B. 进行滞后封发处理
   C. 进行优先封发处理　　D. 进行封发处理
3. 扫描条码时，扫描机应与条码条符（　　）。
   A. 垂直　　B. 平行
   C. 弯曲　　D. 倾斜
4. 系统自动登单是通过快件分拣系统的扫描装置，对快件（　　），发出指令封锁格口，自动打印出封发清单。
   A. 手动检索　　B. 手动输入
   C. 自动检索　　D. 手动核对
5. 常用的包袋有棉质、（　　）等。
   A. 金属　　B. 木质
   C. 尼龙　　D. 纸质

二、判断题

1. 总包包牌是指快递企业为发寄快件和内部作业而拴挂、粘贴在快件总包袋指定位置上，用于区别快件的所属企业和运输方式及发运路向等信息标识。（　　）
2. 堆放总包时，不得有扔、摔、拖、拽等损伤快件的行为，并应保护袋牌和包签不被损坏污染。（　　）
3. 快件封发清单从内容上看有普通快件清单、保价快件清单、代收货款清单等。（　　）
4. 手工书写包牌可使用油性唛头笔填写。（　　）
5. 总包质量检查主要是检查总包内件数量。（　　）

活动工作页：封装快件

活动场地：快件处理中心
建议课时：2 课时

一、接受任务

快件经扫描后，处理中心的工作人员开始按照快件的路向进行分类汇总，并将统一路向的快件进行装袋称重，生成打印总包袋牌，并捆扎封装，最后按照发车顺序进行堆码。快件处理人员小德接受了这样的任务，请大家根据小德所接受的工作任务，把小德的工作内容与步骤写出来。

二、制订计划

本次活动要求同学们在课堂上分小组现场完成封装快件的流程，请同学们分成学习小组，根据工作任务进行小组内部分工，制订工作计划。

序　号	工作内容	物料准备	注意事项
1	快件扫描分拣	扫描枪、输送带、手套、胶框	
2	快件装袋称重	蛇皮袋、电子秤、剪刀、打包架	
3	生成打印袋牌并捆扎总包	袋牌打印机、计算机、捆扎条、捆扎条拉伸机	
4	总包堆码	托盘、叉车	

三、任务实施

分　工	姓　名	主要职责	活动成果
组长		协调分工，扫描快件	
成员 1		分拣、装袋、称重、打印袋牌	
成员 2		分拣、装袋、称重、打印袋牌	
成员 3		分拣、装袋、称重、打印袋牌	
成员 4		捆扎总包、堆码	

活动成果（一）：使用条码设备扫描登单

<table>
<tr><th>扫描内容</th><th>所用设备</th><th>操作步骤</th></tr>
<tr><td></td><td></td><td></td></tr>
</table>

活动成果（二）：快件总包牌制作

<table>
<tr><th>总包名称</th><th>总包内容</th><th>数　量</th><th>运输方式</th><th>目的地</th><th>包牌样例</th></tr>
<tr><td></td><td></td><td></td><td></td><td></td><td></td></tr>
</table>

活动成果（三）：建包

<table>
<tr><th colspan="4">准　备</th><th>要　求</th><td rowspan="5"></td></tr>
<tr><td>工具</td><td colspan="3">捆扎钳、扫描枪</td><td rowspan="4">1. 时间为 120s，每超时 3s 扣 1 分
2. 出现“鹅颈袋”扣 10 分
3. 未带防护工具等扣 5 分
4. 出现暴力操作等每次扣 10 分
5. 完成后未及时清理场地扣 5 分
6. 未扫描袋牌扣 5 分</td></tr>
<tr><td>材料</td><td colspan="3">捆扎条、袋牌、蛇皮袋、手套</td></tr>
<tr><td>道具</td><td colspan="3">笼车、快件（80 件，共 60kg）</td></tr>
<tr><td>总分</td><td>100 分</td><td>您的完成分</td><td></td></tr>
</table>

活动成果（四）：总包堆码

<table>
<tr><th colspan="4">准　备</th><th>要　求</th><td rowspan="6"></td></tr>
<tr><td>工具</td><td colspan="3">叉车、托盘</td><td rowspan="5">1. 时间为 90s，每超时 3s 扣 1 分
2. 堆码得杂乱无章扣 10 分
3. 未带防护工具等扣 5 分
4. 出现暴力操作等每次扣 10 分
5. 完成后未及时清理场地扣 5 分
6. 袋口朝上扣 5 分</td></tr>
<tr><td>材料</td><td colspan="3">发车安排表</td></tr>
<tr><td>道具</td><td colspan="3">已封装的总包（不同路向）</td></tr>
<tr><td>原则</td><td colspan="3">采用五五堆放</td></tr>
<tr><td>总分</td><td>100 分</td><td>您的完成分</td><td></td></tr>
</table>

任务评价 3-3

任务考核评价表

<table>
<tr><td>班　级</td><td colspan="2"></td><td colspan="2">任务名称</td><td colspan="2">姓　名</td><td colspan="3"></td></tr>
<tr><td>学　号</td><td colspan="2"></td><td colspan="2">封装快件</td><td colspan="2">组　别</td><td colspan="3"></td></tr>
<tr><td rowspan="2">评　价
项　目</td><td colspan="2" rowspan="2">评价标准</td><td>自我评价</td><td>组长评价</td><td>老师评价</td><td rowspan="2">分　值</td><td rowspan="2">小　计</td><td rowspan="2">总　分</td></tr>
<tr><td>10%</td><td>20%</td><td>70%</td></tr>
<tr><td rowspan="3">职业
能力</td><td colspan="2">1．工作仔细、认真，能吃苦耐劳</td><td></td><td></td><td></td><td>10</td><td rowspan="3"></td><td rowspan="10"></td></tr>
<tr><td colspan="2">2．服从安排，团队配合好</td><td></td><td></td><td></td><td>10</td></tr>
<tr><td colspan="2">3．操作规范，6S 管理到位</td><td></td><td></td><td></td><td>10</td></tr>
<tr><td rowspan="5">专业
能力</td><td colspan="2">1．能熟练操作封装工具</td><td></td><td></td><td></td><td>10</td><td rowspan="5"></td></tr>
<tr><td colspan="2">2．会规范装袋</td><td></td><td></td><td></td><td>10</td></tr>
<tr><td colspan="2">3．会规范堆放总包</td><td></td><td></td><td></td><td>10</td></tr>
<tr><td colspan="2">4．会规范封装总包</td><td></td><td></td><td></td><td>10</td></tr>
<tr><td colspan="2">5．会检查总包质量</td><td></td><td></td><td></td><td>10</td></tr>
<tr><td rowspan="2">拓展
能力</td><td colspan="2">1．在封装过程，能独立处理快件异常情况</td><td></td><td></td><td></td><td>10</td><td rowspan="2"></td></tr>
<tr><td colspan="2">2．对封装工具能灵活应用</td><td></td><td></td><td></td><td>10</td></tr>
<tr><td>个人总结
与反思</td><td colspan="3"></td><td>指导教师
综合评价</td><td colspan="4">指导教师签名：
日期：</td></tr>
</table>

活动四 发运快件

课后练习题 3-4

一、选择题

1. 航空运输出站快件应符合航空运输的（　　）要求。

A. 报关　　B. 卫生检疫　　C. 质量检查　　D. 安全检查

2. 交接单是登记交接总包的相关内容，以下（　　）不是交接单需要登记的内容。

A. 交接单号码　　B. 收寄员工　　C. 发寄地、寄达地　　D. 总包数量、重量

3. 总包的发运计划包括发运时间、运量、（　　）、停靠交接站点以及到离时间等方面的内容。

A. 车队　　B. 车况　　C. 车次　　D. 车型

4. 关于车辆封志说法错误的是（　　）。

A. 车辆封志是固封在快件运输车辆车门的一种特殊封志

B. 车辆封志可以防止车辆在运输途中被打开，保证已封车辆完整地由甲地运到乙地

C. 车辆封志可以分为实物封志和信息封志

D. 车辆封志是对总包封扎的一种封志，为了保证总包内快件的安全

5. 快件直封和中转的关系由快件流量变化、快件流向变化和（　　）决定。

A. 快件重量变化　　B. 快件收派时间变化

C. 交通运输及运营网络情况　　D. 车辆吨位

二、判断题

1. 装运是指将封装后的总包按规定装码在运输设备和工具中的过程。（　　）

2. 直封是指快件需要中转，封成总包发往目的地的过程。（　　）

3. 信息封志是全球卫星定位系统（GPS）与地理信息系统（GIS）相结合的信息记录。它通过对车辆的运行和车门的开关进行即时记录来明确责任，事实上起到一种威慑作用。（　　）

4. 快件装车后要查看车辆是否平稳，是否符合交通运输的规范要求。（　　）

5. 核对封志的条码号与出站快件的详情单号是否一致。（　　）

活动工作页：发运快件

活动场地：快件处理中心
建议课时：2 课时

一、接受任务

快件处理中心工作人员已把处理好的总包堆码在一、二、三、四号交接站台区域，准备进行装车发运，发运车辆是粤 X11011/ 粤 T14H31/ 粤 TZH121/ 粤 TF8991，目的地分别是 A、B、C、D 四个城市。快件发运中心的小华接受了这个任务，请大家根据小华所接受的工作任务，把小华的工作内容与步骤写出来。

二、制订计划

本次活动要求同学们在课堂上分小组现场完成快件发运的流程，请同学们分成学习小组，根据工作任务进行小组内部分工，制订工作计划。

序　号	工作内容	物料准备	注意事项
1	快件交接	交接清单	
2	车辆封志建立	封志	
3	快件押运		
4	发运异常处理		
5	各类快件的发车操作		

三、任务实施

分　工	姓　名	主要职责	活动成果
组长		协调分工，监督发运，快件交接，车辆封志建立，快件押运，发运异常处理	
成员 1		航空出港中转快件的发车操作	
成员 2		汽运主干线到达快件的发车操作	
成员 3		进港中转快件的发车操作	
成员 4		汽运主干线中转发出快件的发车操作	

3 快递运营管理工作页

活动成果（一）：汽车运输交接步骤：

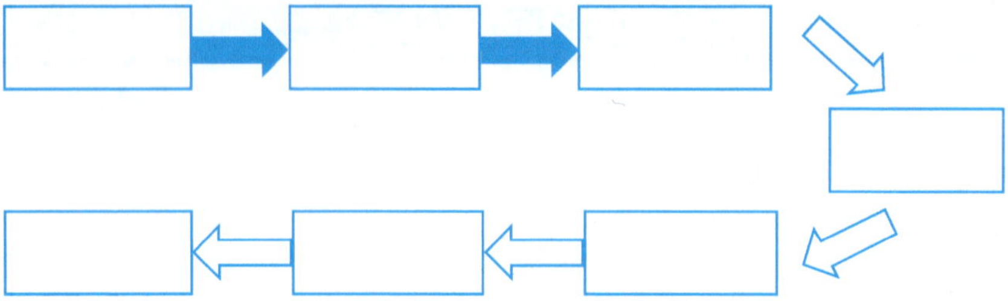

活动成果（二）：车辆封志建立步骤

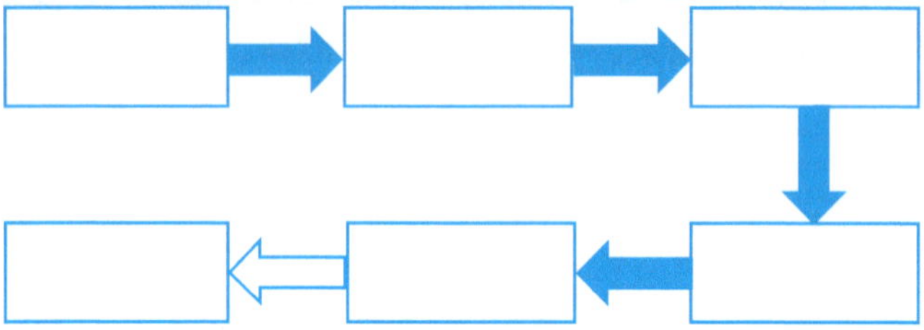

活动成果（三）：交接单的填写

快件交接单

始发地：____________　目的地：_______________　_____年__月___日

	发 件 人	运 单 编 号	收件人地址	物品重量、数量	封 志 编 号	发 车 时 间	接收人签字
1							
2							
3							
4							
5							

制单员：________　分拣员：________　复核员：____________

活动成果（四）：交接特殊情况处理

快件押运交接特殊情况的处理	图　片
快件损坏的处理	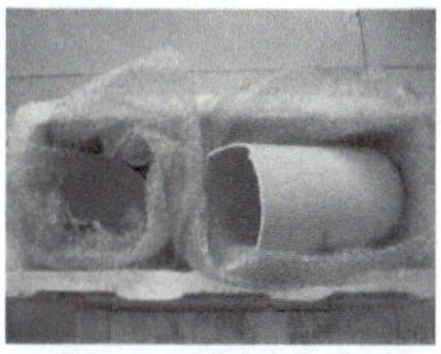
运输事故的处理	

任务评价 3-4

任务考核评价表

<table>
<tr><td>班 级</td><td colspan="2"></td><td colspan="3">任务名称</td><td>姓 名</td><td colspan="3"></td></tr>
<tr><td>学 号</td><td colspan="2"></td><td colspan="3">发运快件</td><td>组 别</td><td colspan="3"></td></tr>
<tr><td rowspan="2">评 价
项 目</td><td rowspan="2" colspan="2">评价标准</td><td>自我评价</td><td>组长评价</td><td colspan="2">教师评价</td><td rowspan="2">分 值</td><td rowspan="2">小 计</td><td rowspan="2">总 分</td></tr>
<tr><td>10%</td><td>20%</td><td colspan="2">70%</td></tr>
<tr><td rowspan="4">职业能力</td><td colspan="2">1. 工作认真、仔细，不暴力操作</td><td></td><td></td><td colspan="2"></td><td>10</td><td rowspan="4"></td><td rowspan="10"></td></tr>
<tr><td colspan="2">2. 能吃苦耐劳，责任心强</td><td></td><td></td><td colspan="2"></td><td>10</td></tr>
<tr><td colspan="2">3. 有团队精神，服从安排，沟通和协调能力强</td><td></td><td></td><td colspan="2"></td><td>10</td></tr>
<tr><td colspan="2">4. 6S 管理到位，工具材料卫生、整洁</td><td></td><td></td><td colspan="2"></td><td>10</td></tr>
<tr><td rowspan="4">专业能力</td><td colspan="2">1. 会航空出港中转快件的发车操作</td><td></td><td></td><td colspan="2"></td><td>10</td><td rowspan="4"></td></tr>
<tr><td colspan="2">2. 会汽运主干线到达快件的发车操作</td><td></td><td></td><td colspan="2"></td><td>10</td></tr>
<tr><td colspan="2">3. 会进港中转快件的发车操作</td><td></td><td></td><td colspan="2"></td><td>10</td></tr>
<tr><td colspan="2">4. 会汽运主干线中转发出快件的发车操作</td><td></td><td></td><td colspan="2"></td><td>10</td></tr>
<tr><td rowspan="2">拓展能力</td><td colspan="2">1. 对发运总包堆放有创新性建议</td><td></td><td></td><td colspan="2"></td><td>10</td><td rowspan="2"></td></tr>
<tr><td colspan="2">2. 对发运流程提出优化方案</td><td></td><td></td><td colspan="2"></td><td>10</td></tr>
<tr><td>个人总结
与反思</td><td colspan="3"></td><td>指导教师
综合评价</td><td colspan="5">指导教师签名：
日期：</td></tr>
</table>

活动五　问题件处理

课后练习题 3-5

一、选择题

1. 以下是正常滞留件的有（　　）。
   A. 主、次干线在始发时间准点的前提下，如遇堵车或天气等非人为因素造成车辆到达晚点，导致快件无法及时中转的滞留件
   B. 由于始发区域与目的地区域的干线车辆时间节点设置衔接不上，导致滞留的快件
   C. 按照网络管理制度要求，营业部将规定内的快件装载完毕，滞留部分超标货物在中心的滞留件
   D. 干线时间节点可以衔接，但因始发分拣中心延误发车造成晚点，导致无法及时中转而滞留的快件
2. 进港（到件）发现违禁品，正确的处理方式是（　　）。
   A. 都要拍照上报并做投诉处理
   B. 对于有污染其他快件或造成人身伤害可能性的，除通知发件公司外，还应要求收件客户上门自取
   C. 对易燃易爆危险品拍照留存证据后，为安全起见，及时上报总公司相关处理部门认可后，可就地销毁
   D. 立即处理

3. 拆包时，发现如包签遗失或破损导致无法扫描，而外包装无大头笔写的单号的快件，正确的处理方式是（　　）。
   A. 可将包内任一快件取出，在查询系统内输入该票（件）的条码，就会查出该包号
   B. 直接拆开快件
   C. 按照无头件的要求进行处理
   D. 退回上一级
4. 提货过程中，发现非本公司的快件，应（　　）。
   A. 由营业部人员确认并处理完毕后，再行中转
   B. 当场向提货处工作人员说明，避免出现提错货的情况
   C. 按上一分拣中心的回复进行处理，并做问题件投诉
   D. 直接丢弃

5. 快件发运过程中发生交通事故时，（　　）。

A. 当事人应第一时间通知公司管理人员

B. 管理人员应立即采取补救措施

C. 管理人员应在最短的时间内将快件流程恢复正常

D. 当事人应赶紧逃离现场

二、判断题

1. 对需要进行称重或计费的快件，要用扫描枪操作，其余均可使用扫描枪操作。（　　）

2. 对汽运主支线车内同时有航空、汽运件的，计费方式不同的，要分别卸车进行扫描。（　　）

3. 主支线车在沿途有停靠交接的，要配备押车人员进行上下车扫描。为保证不出现装卸差错，可考虑使用软网分隔。（　　）

4. 对由汽运主支线发出的快件，必须装车一票，扫描一票，同时要求随车人员积极配合。（　　）

5. 在拆包过程中，按拆包标准进行，在拆包扫描结束后，应将编织袋翻过来，以保证无快件遗留在袋中。（　　）

活动工作页：问题件处理

活动场地：快件处理中心
建议课时：2 课时

一、接受任务

今天员工小楚在处理中心工作中遇到不少麻烦：

情况 1：A 快件外包装（进港）已破损。

情况 2：B 快件无单（无头件）。

情况 3：C 快件由于始发中心准点发车、到达晚点（迟到），导致不能正常中转而滞留的快件。

情况 4：D 快件含有违禁品。

假如你是小楚，遇到这样的工作情况，请根据小楚所接受的工作任务，把小楚的工作内容与步骤写出来。

二、制订计划

本次活动要求同学们在课堂上分小组现场完成问题件处理的流程，请同学们分成学习小组，根据工作任务进行小组内部分工，制订工作计划。

序　号	工作内容	物料准备	注意事项
1	破损件处理		
2	无头件处理		
3	滞留件处理		
4	违禁品处理		

三、任务实施

分　工	姓　名	主要职责	活动成果
组长		破损件处理	
成员 1		无头件处理	
成员 2		滞留件处理	
成员 3		违禁品处理	

活动成果（一）：A 快件外包装（进港）已破损

活动成果（二）：B 快件无单（无头件）

活动成果（三）：C 快件由于始发中心准点发车、到达晚点（迟到），导致不能正常中转而滞留

活动成果（四）：D 快件含有违禁品

任务评价 3-5

任务考核评价表

<table>
<tr><td>班　级</td><td></td><td colspan="2">任务名称</td><td>姓　名</td><td colspan="3"></td></tr>
<tr><td>学　号</td><td></td><td colspan="2">问题件处理</td><td>组　别</td><td colspan="3"></td></tr>
<tr><td rowspan="2">评　价
项　目</td><td rowspan="2">评价标准</td><td>自我评价</td><td>组长评价</td><td>教师评价</td><td rowspan="2">分 值</td><td rowspan="2">小 计</td><td rowspan="2">总 分</td></tr>
<tr><td>10%</td><td>20%</td><td>70%</td></tr>
<tr><td rowspan="4">职业
能力</td><td>1. 思维反应敏捷，做事麻利</td><td></td><td></td><td></td><td>5</td><td rowspan="4"></td><td rowspan="18"></td></tr>
<tr><td>2. 服务意识好，工作认真、细心</td><td></td><td></td><td></td><td>5</td></tr>
<tr><td>3. 临危不乱，淡定，不急躁</td><td></td><td></td><td></td><td>5</td></tr>
<tr><td>4. 团队配合默契，善于沟通</td><td></td><td></td><td></td><td>5</td></tr>
<tr><td rowspan="12">专业
能力</td><td>1. 能处理出港（发件）违禁品</td><td></td><td></td><td></td><td>5</td><td rowspan="12"></td></tr>
<tr><td>2. 能处理出港（发件）破损件</td><td></td><td></td><td></td><td>5</td></tr>
<tr><td>3. 能处理进港（到件）违禁品</td><td></td><td></td><td></td><td>5</td></tr>
<tr><td>4. 能处理进港（到件）破损件</td><td></td><td></td><td></td><td>5</td></tr>
<tr><td>5. 能处理非本公司快件</td><td></td><td></td><td></td><td>5</td></tr>
<tr><td>6. 能处理快递车辆发生的交通事故</td><td></td><td></td><td></td><td>10</td></tr>
<tr><td>7. 能处理滞留件</td><td></td><td></td><td></td><td>5</td></tr>
<tr><td>8. 能处理货件填写异常情况</td><td></td><td></td><td></td><td>5</td></tr>
<tr><td>9. 能处理无法扫描件</td><td></td><td></td><td></td><td>5</td></tr>
<tr><td>10. 能处理多面单（货签）包件</td><td></td><td></td><td></td><td>5</td></tr>
<tr><td>11. 能处理无头件</td><td></td><td></td><td></td><td>10</td></tr>
<tr><td>12. 会包装不符合要求的破损件</td><td></td><td></td><td></td><td>5</td></tr>
<tr><td rowspan="2">拓展
能力</td><td>1. 能优化异常情况处理流程</td><td></td><td></td><td></td><td>5</td><td rowspan="2"></td></tr>
<tr><td>2. 能快速地识别异常情况</td><td></td><td></td><td></td><td>5</td></tr>
<tr><td>个人总结
与反思</td><td colspan="2"></td><td>指导教师
综合评价</td><td colspan="4">指导教师签名：
日期：</td></tr>
</table>

任务内容

任务四　快件派送作业
活动一　准备派件
活动二　交接快件
活动三　路线规划
活动四　派送快件
活动五　派件异常处理

任务四　快件派送作业

活动一 准备派件

课后练习题 4-1

一、选择题

1. 快件派送前对自行车的检查要点不包括（　　）。
   A. 轮胎　　B. 辐条　　C. 气门　　D. 刹车
2. 快件派送前对电动车的检查要点不包括（　　）。
   A. 检查轮胎气压，气压不足及时充气
   B. 检查车把转向是否可靠，前后刹车是否灵敏，整车螺钉是否松动，链条、飞轮是否需要加油
   C. 检查电池盒的插座、充电器的插头是否松动，电池盒是否锁好，电量是否充足
   D. 检查气门
3. 快件派送前对摩托车的检查要点不包括（　　）。
   A. 检查摩托车的外观，清洁外表及蓄电池表面
   B. 检查有无漏油、漏电、漏气现象
   C. 检查气门
   D. 检查驾驶证、车辆牌照、行驶证等相关证照及随车工具和备件是否带齐
4. 移动扫描设备手持终端检查要点不包括（　　）。
   A. 电量是否充足，是否打开条码识别功能
   B. 是否能正常读取条码信息，按键是否灵敏、正确
   C. 显示屏是否正常显示扫描信息，采集器通信接口是否清洁、有杂物，运行程序和速度是否正常
   D. 历史数据是否上传，可否删除历史数据
5. 移动扫描设备的日常维护和保养知识不包括（　　）。
   A. 避免剧烈摔碰、挤压，远离强磁场
   B. 注意防潮、防湿，通信口避免杂物进入
   C. 当用户程序不能正常运行时，应重新设置系统程序及应用程序
   D. 可以自行拆卸机器，如果出现故障，应与公司相关人员联系

二、判断题

1. 派件前，应检查手机和手持终端，确保处于正常工作状态。（　　）

2．派件员在派件前，不用检查自己的仪容是否得体，个人仪容自我感觉良好即可。（　　）

3．派件前，派件员务必确认交通工具的工作状况良好、交通工具的清洁，防止污染快件。（　　）

4．派件员应清楚与自己相关的替（换）班工作安排，并做好相应的准备。（　　）

5．派件员开车外出派件，不用带上行车证和驾驶证。（　　）

活动工作页：准备派件

活动场地：快递网点
建议课时：2 课时

一、接受任务

小王是路路通快递公司的派件人员，每天他都按时到营业网点上班，开始一天的派送工作。在开始派送快件之前，他总会认真地做一番准备工作，以便派件工作更加顺畅。假如你是小王，请根据小王所接受的工作任务，把小王的工作内容与步骤写出来。

二、制订计划

本次活动要求同学们在课堂上分小组现场完成派件准备的流程，请同学们分成学习小组，根据工作任务进行小组内部分工，制订工作计划。

序　号	工作内容	物料准备	注意事项
1	派送工具准备	电动车、摩托车、小汽车	
2	派件员形象准备	工牌、工作服、包	
3	业务准备	小黑板	
4	派件员专用包使用	收据、发票	

三、任务实施

分　工	姓　名	主要职责	活动成果
组长		检查各成员的准备情况	
成员 1		派件员形象准备	
成员 2		派件员专用包使用	
成员 3		派送工具准备	
成员 4		业务准备	

活动成果（一）：派件员形象准备

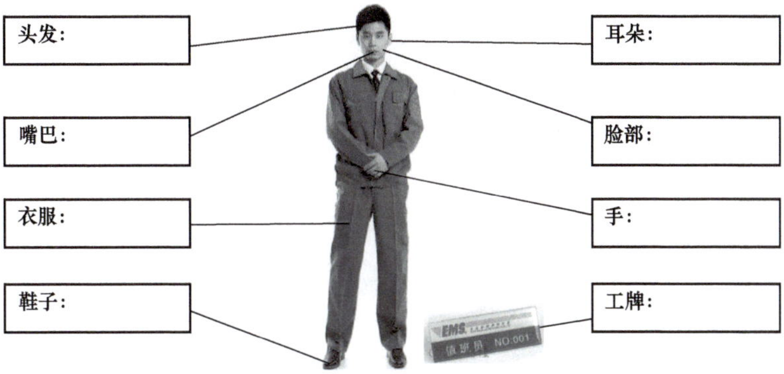

活动成果（二）：快递员专用包使用

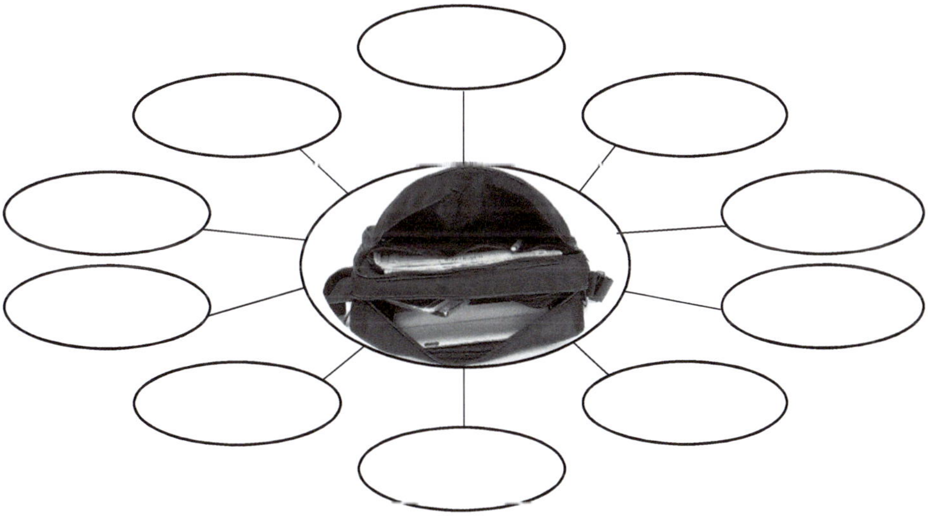

活动成果（三）：派送工具准备

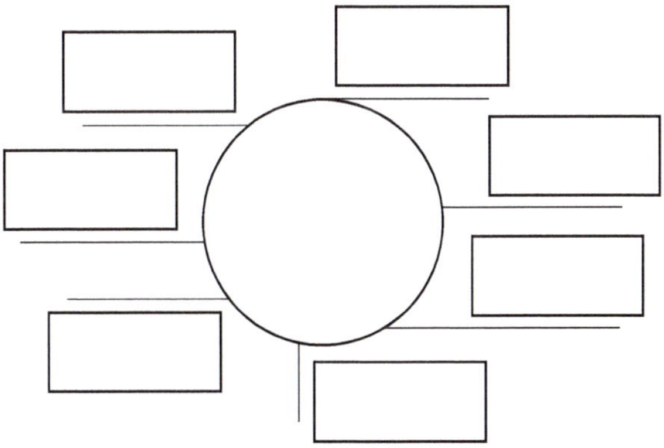

活动成果（四）：收集行业动态及邮政管理局的最新规定、公司最新通知

活动成果（五）：派件准备

快递员工作服	梳子	胶布	零食	快递袋	纸巾
快递专用包	保温杯	快递信封	眼镜	工牌	杂志
切纸刀	笔	小镜子	卡尺	摩托车	报纸
收据	零钱	牙刷	书本	物料框	纸箱
发票	手机	指甲刀	雨伞	捆扎绳	毛巾
快递单	雨衣	剪刀	拖鞋	矿泉水	手套

请在规定的时间内，挑选好相关材料和工具，完成派件准备。

任务评价 4-1

任务考核评价表

<table>
<tr><td>班　级</td><td colspan="2"></td><td colspan="2">任务名称</td><td>姓　名</td><td colspan="3"></td></tr>
<tr><td>学　号</td><td colspan="2"></td><td colspan="2">准备派件</td><td>组　别</td><td colspan="3"></td></tr>
<tr><td rowspan="2">评　价
项　目</td><td rowspan="2" colspan="2">评价标准</td><td>自我评价</td><td>组长评价</td><td>教师评价</td><td rowspan="2">分 值</td><td rowspan="2">小 计</td><td rowspan="2">总 分</td></tr>
<tr><td>10%</td><td>20%</td><td>70%</td></tr>
<tr><td rowspan="4">职业
能力</td><td colspan="2">1. 普通话标准，有较强的沟通能力</td><td></td><td></td><td></td><td>10</td><td rowspan="4"></td><td rowspan="10"></td></tr>
<tr><td colspan="2">2. 为人踏实，有较好的服务意识</td><td></td><td></td><td></td><td>10</td></tr>
<tr><td colspan="2">3. 工作细致，有较强的责任心</td><td></td><td></td><td></td><td>10</td></tr>
<tr><td colspan="2">4. 服从安排，有很好的团队精神</td><td></td><td></td><td></td><td>10</td></tr>
<tr><td rowspan="4">专业
能力</td><td colspan="2">1. 派送工具检查具体详细</td><td></td><td></td><td></td><td>10</td><td rowspan="4"></td></tr>
<tr><td colspan="2">2. 派件员仪容仪表整理规范</td><td></td><td></td><td></td><td>10</td></tr>
<tr><td colspan="2">3. 派件材料准备齐全，放置合理</td><td></td><td></td><td></td><td>10</td></tr>
<tr><td colspan="2">4. 公司通知及行业动态收集及时到位</td><td></td><td></td><td></td><td>10</td></tr>
<tr><td rowspan="2">拓展
能力</td><td colspan="2">1. 能快速地应对公司的最新通知或安排</td><td></td><td></td><td></td><td>10</td><td rowspan="2"></td></tr>
<tr><td colspan="2">2. 能灵活处理派送工具出现的问题</td><td></td><td></td><td></td><td>10</td></tr>
<tr><td>个人总结
与反思</td><td colspan="3"></td><td>指导教师
综合评价</td><td colspan="4">

指导教师签名：
日期：</td></tr>
</table>

活动二 交接快件

课后练习题 4-2

一、选择题

1. 快件交接数量核对要点不包括（　　）。
   A. 核对总件数　　B. 核对一票多件快件的件数
   C. 核对代收货款快件的件数　　D. 核对快件的内件品名
2. 快件交接单制作的基本要求不包括（　　）。
   A. 信息完整　　B. 快速安全　　C. 信息准确　　D. 字迹工整
3. 交接时发现运单无法识别，应（　　）。
   A. 另存一边，过后再处理　　B. 立即通知主管，立刻处理
   C. 通过系统查询，确定单号　　D. 按正常件继续进行交接工作
4. 交接时发现收件人地址超出派送服务范围，应（　　）。
   A. 转交所属派送区域的派件员
   B. 在派件清单备注栏写明：已转交 ××× 派件员
   C. 直接帮忙派送
   D. 暂存问题件区，等待处理
5. 交接时发现快件外包装有严重液体渗漏迹象，应（　　）。
   A. 交工作人员处理　　B. 进行加固包装，防止渗漏
   C. 拍照后直接丢弃处理　　D. 联系寄件人前来取回

二、判断题

1. 派送快件交接时应遵循当面交接原则和签字确认原则。（　　）
2. 快件派前交接包括核对交接快件数量、检查交接快件、交接签字和填写快件派送交接单。（　　）
3. 快件派送交接单的制作有手工登记和计算机系统打印两种基本方式。（　　）
4. 快件交接原则是当面交接、运单与快件一起交接。（　　）
5. 仓管人员将快件交接给派件员，派件员对快件进行核对、检查无误后，由交接双方在相应的派件清单上签字确认。（　　）

活动工作页：交接快件

活动场地：快递网点
建议课时：2 课时

一、接受任务

667053223104，从北京寄往广东中山市阜沙镇壹加壹 35 号，保温瓶 3 个，3.4kg

468974762062，从重庆寄往广东中山市阜沙镇上南村 2 号，衣服 2 件，1.2kg

368765032752，从上海浦东寄往广东中山市阜沙镇大南村 4 巷 1 号，陶瓷 1 个，2.4kg，易碎品且保价

568809423846，从南昌寄往广东中山市阜沙镇大有村 59 号，手机 1 台，0.7kg，保价（快递单模糊）

368765032752，从顺德寄往中山市阜沙镇天盛花园三期，微波炉 1 台，4.3kg

368497193927，青岛寄往广东中山市阜沙镇牛角村 4 号，网球拍 1 副，1.8kg（包装破损）

268933164983，从杭州寄往广东中山市阜沙镇大有村 10 号，丝巾 5 条，0.4kg

368580811015，从广州寄往中山市阜沙镇阜沙市场对面 1 号，奶粉 2 罐，2kg（轻微渗漏）

468141002888，从乌鲁木齐寄往中山市阜沙镇卫民村 8 号，红枣 2 包，1kg

经过分拣、封装、发运，同一方向的快件终于到达中山网点，共计 9 票（具体信息如上）。现在派件员小德正和网点的工作人员进行快件交接工作。假如你是派件员小德，请根据小德所接受的工作任务，把小德的工作内容与步骤写出来。

二、制订计划

本次活动要求同学们在课堂上分小组现场完成交接快件工作，请同学们分成学习小组，根据工作任务进行小组内部分工，制订工作计划。

序　号	工作内容	物料准备	注意事项
1	点数，检查快件情况		
2	填写交接清单	派件交接表	
3	异常情况处理		
4	交接快件		

三、任务实施

分　工	姓　名	主要职责	活动成果
组长		交接快件，统筹安排	
成员 1		填写交接清单	
成员 2		点数，检查快件情况	
成员 3		处理异常情况	
成员 4		处理异常情况	

活动成果（一）：派件交接表填写

派件交接表

年　月　日

序　号	日　期	出仓票数	出仓件数	金　额	收派员签字	备　注
1						
2						
3						
4						
5						
6						
7						
8						
9						
10						

填写要求：信息完整、准确，字迹工整清晰。

活动成果（二）：外包装破损的快件处理

图　片	处理操作	备　注
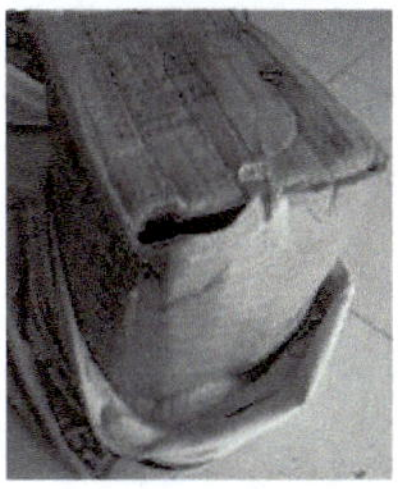		

活动成果（三）：运单破损的快件处理

图　片	处理操作	备　注

活动成果（四）：外包装受潮的快件处理

图　片	处理操作	备　注

活动成果（五）：收件地址超出派送范围

情　况	处理操作	备　注
收件地址超出派送范围		

任务评价 4-2

任务考核评价表

班级		任务名称			姓名			
学号		交接快件			组别			
评价项目	评价标准		自我评价 10%	组长评价 20%	教师评价 70%	分值	小计	总分
职业能力	1．分工明确、服从安排					10		
	2．工作认真负责、仔细、充满热情					10		
专业能力	1．准确生成派件清单					10		
	2．快速核对快件数量					10		
	3．能检查快件包装					10		
	4．能检查快件液体渗漏情况					10		
	5．能检查快件运单情况					10		
	6．能检查快件的收件人地址					10		
	7．快速高效地完成快件交接工作					10		
拓展能力	1．对交接流程提出建设性想法					5		
	2．能及时处理快件交接的异常情况					5		
个人总结与反思			指导教师综合评价	指导教师签名： 日期：				

活动三 路线规划

课后练习题 4-3

一、选择题

1. 下面关于快件排序描述正确的是（　　）。
   A. 派送时效低的快件，派送优先级别低
   B. 保价快件价值高，应该最后派送
   C. 由近及远的派送方式会延长派送总时长
   D. 有时间要求的快件提前派送
2. 下列应当优先派送的快件是（　　）。
   A. 路程远的快件
   B. 首次派送不成功，客户要求第二次派送的快件
   C. 寄至业务员较为熟悉的路段的快件
   D. 必须经过人流量大的区域的快件
3. 在自行车尾架捆扎少量快件可使用的方法包括（　　）等。
   ①平行捆扎　②十字捆扎　③加长板　④加宽板
   A. ①③④　　B. ②③④　　C. ③④　　D. ①②
4. 关于快件捆扎的做法错误的是（　　）。
   A. 长件快件捆扎时应与交通工具的长度、方向一致
   B. 骑车过程中如果发现自行车重心异常，那么倾斜身体使整体平衡
   C. 将快件捆扎牢固，同时力度适当
   D. 大雾天气为快件加盖防雨用具
5. 体积较小的五金配件、纽扣及其他易散落易丢失的物品要（　　）。
   A. 使用塑料袋或布袋作为内包装将寄递物品聚集并封口
   B. 直接放入纸箱内
   C. 直接放入纸箱内并用填充物填实
   D. 直接将塑料袋或布袋作为外包装

二、判断题

1. 快件外包装不牢固将导致车辆重心偏移。（　　）
2. 利用汽车派送时，快件重量可以适当超过车辆核定载重。（　　）
3. 装车时遵循“大不压小、重不压轻、先出后进、易碎件单独摆放”的原则。（　　）
4. 快件装车时，必须先装载重货和大货。（　　）
5. 所有体积小的快件需要先统一装入集装袋内再装车。（　　）

活动工作页：路线规划

活动场地：快递网点
建议课时：2 课时

一、接受任务

派件员小谦采用摩托车派送快件，如右图，P_0 为网点所在地，今日有 5 票快件需要派送。网点派送工具有摩托车、小汽车。P_1 需要派送一票 1 小时内到达的快件（电磁炉），重 1.5kg；P_4 需要派送一票价格昂贵的快件（陶瓷杯），重 1.4kg；P_5 需要派送一票普通快件（吉他），重 2.4kg；P_2 需要派送一票普通快件（衣服），重 1.7kg；P_3 需要派送一票普通快件（钓具），重 0.9kg。

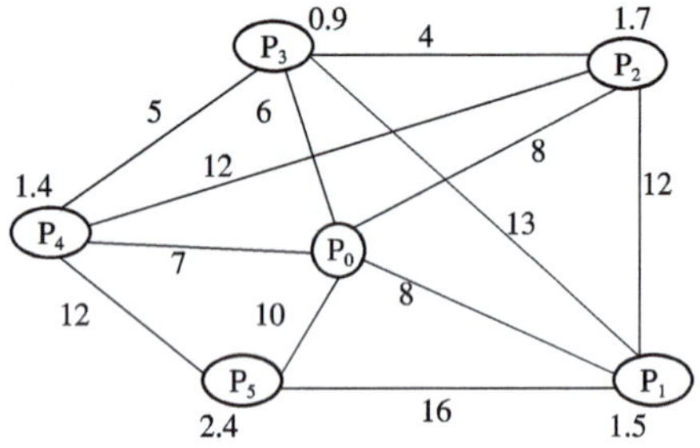

P_0 到 P_1 需要 30min，P_1 到 P_2 需要 30min，P_2 到 P_5 需要 20min，P_5 到 P_4 需要 30min，P_4 到 P_1 需要 20min，P_4 到 P_3 需要 30min，P_0 到 P_3 需要 10min。

假如你是派件员小谦，请根据小谦所接受的工作任务，把小谦的工作内容与步骤写出来。

二、制订计划

本次活动要求同学们在课堂上分小组现场完成路线规划的工作流程，请同学们分成学习小组，根据工作任务进行小组内部分工，制订工作计划。

序　号	工作内容	物品准备	注意事项
1	快件派送排序		
2	派送路线设计		
3	快件装车	派送工具（摩托车等）	
4	快件捆绑	胶框、捆扎绳	

三、任务实施

分　工	姓　名	主要职责	活动成果
组长		统筹安排工作	
成员 1		快件派送排序	
成员 2		派送路线设计	
成员 3		快件装车	
成员 4		快件捆绑	

活动成果（一）：快件派送排序

活动成果（二）：派送路线设计

1. 做出最短距离矩阵	2. 做出节约里程项目
3. 做出节约里程排序	4. 制定方案

活动成果（三）：快件装车

考核要点：

1. 大不压小
2. 重不压轻
3. 先出后进
4. 易碎件单独摆放

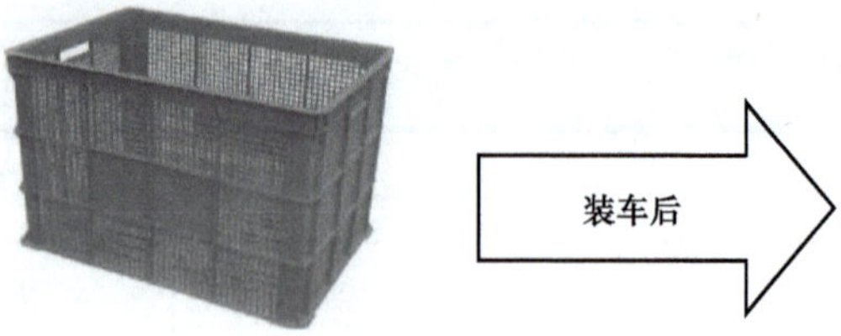

活动成果（四）：快件捆绑

考核要点：

1. 不同规格的快件捆绑方法
2. 捆绑绳结的识别

任务评价 4-3

任务考核评价表

<table>
<tr><td>班　级</td><td colspan="2"></td><td colspan="3">任务名称</td><td>姓　名</td><td colspan="3"></td></tr>
<tr><td>学　号</td><td colspan="2"></td><td colspan="3">路线规划</td><td>组　别</td><td colspan="3"></td></tr>
<tr><td rowspan="2">评　价
项　目</td><td rowspan="2" colspan="2">评价标准</td><td>自我评价</td><td colspan="2">组长评价</td><td>教师评价</td><td rowspan="2">分 值</td><td rowspan="2">小 计</td><td rowspan="2">总 分</td></tr>
<tr><td>10%</td><td colspan="2">20%</td><td>70%</td></tr>
<tr><td rowspan="4">职业
能力</td><td colspan="2">1．熟悉负责区域的地理交通环境</td><td></td><td colspan="2"></td><td></td><td>10</td><td rowspan="4"></td><td rowspan="10"></td></tr>
<tr><td colspan="2">2．熟悉常见的捆扎材料</td><td></td><td colspan="2"></td><td></td><td>10</td></tr>
<tr><td colspan="2">3．团队配合意识好，分工明确</td><td></td><td colspan="2"></td><td></td><td>10</td></tr>
<tr><td colspan="2">4．工作认真、细心</td><td></td><td colspan="2"></td><td></td><td>10</td></tr>
<tr><td rowspan="4">专业
能力</td><td colspan="2">1．能规划派送路线</td><td></td><td colspan="2"></td><td></td><td>10</td><td rowspan="4"></td></tr>
<tr><td colspan="2">2．会快件排序</td><td></td><td colspan="2"></td><td></td><td>10</td></tr>
<tr><td colspan="2">3．能捆扎快件</td><td></td><td colspan="2"></td><td></td><td>10</td></tr>
<tr><td colspan="2">4．会配载快件</td><td></td><td colspan="2"></td><td></td><td>10</td></tr>
<tr><td rowspan="2">拓展
能力</td><td colspan="2">1．在规划派送路线时，提出有建设性的方案或思路</td><td></td><td colspan="2"></td><td></td><td>10</td><td rowspan="2"></td></tr>
<tr><td colspan="2">2．在配载快件过程中，使用创新性方法或手段</td><td></td><td colspan="2"></td><td></td><td>10</td></tr>
<tr><td>个人总结
与反思</td><td colspan="3"></td><td>指导教师
综合评价</td><td colspan="5">指导教师签名：
日期：</td></tr>
</table>

活动四 派送快件

课后练习题 4-4

一、选择题

1. 在未派送给收件人之前，快件应归（　　）所有。

A. 收件人　　B. 寄件人

C. 提供服务的快递企业　　D. 处理该票快件的业务员

2. 派件时客户未签字，业务员回到营业网点后，（　　）代替客户签字。

A. 不可以　　B. 一定可以　　C. 有时可以　　D. 主管

3. 下面属于快件派送要求的是（　　）。

A. 遥控　　B. 美观　　C. 快捷　　D. 整齐

4. 由快递企业代为收取的款项，不包括（　　）。

A. 税款　　B. 资费　　C. 海关签贴费　　D. 商检费

5. 关于快件安全保管，下列做法错误的是（　　）。

A. 体积较大，不能装入背包或挎包的快件，要保证快件不离开视线 4m 范围内

B. 使用汽车派送时，业务员应锁好汽车门窗

C. 将小件快件随身携带在背包或挎包内，确保件不离身

D. 不能装入包内也不便于捆扎的快件，可放在自行车旁

二、判断题

1. 业务员在派送快件时，对尚未派送且无法随身携带的快件必须做安全保管。（　　）

2. 到付费用是寄件人寄件前已与快递公司共同认可的，收件人查验完毕后直接付费，无须再次称重计费。（　　）

3. 业务员小李派送快件到客户处时，客户没有携带有效证件，于是小李用手机拨打运单上的收件人联系电话来确认收件人。（　　）

4. 香港居民身份证，可以作为证明身份的有效证件使用。（　　）

5. 派送快件分为按址派送和网点自取两种方式。（　　）

活动工作页：派送快件

活动场地：客户处或快递网点
建议课时：2 课时

一、接受任务

今天派件员小辉共有 10 票快件需要处理，其中 1 票是自提件，2 票是到付件，其他为普通件。假如你是派件员小辉，请根据小辉所接受的工作任务，把小辉的工作内容与步骤写出来。

二、制订计划

本次活动要求同学们在课堂上分小组现场完成派送快件的流程，请同学们分成学习小组，根据工作任务进行小组内部分工，制订工作计划。

序　号	工作内容	物料准备	注意事项
1	上门派件	快件、笔、快递包、快递服、工牌	
2	自提件业务办理	快件、笔	
3			
4			

三、任务实施

分　工	姓　名	主要职责	活动成果
组长		监督派件服务质量	
成员 1		上门派件	
成员 2		上门派件	
成员 3		自提件业务办理	
成员 4		自提件业务办理	

4 快递运营管理工作页

活动成果（一）：自提件业务办理

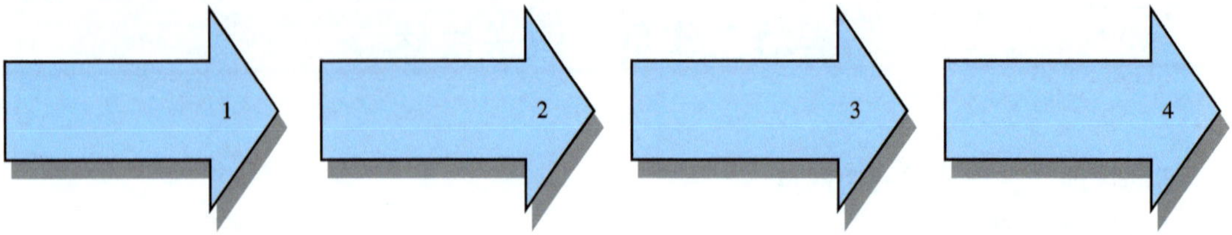

活动成果（二）：上门派件

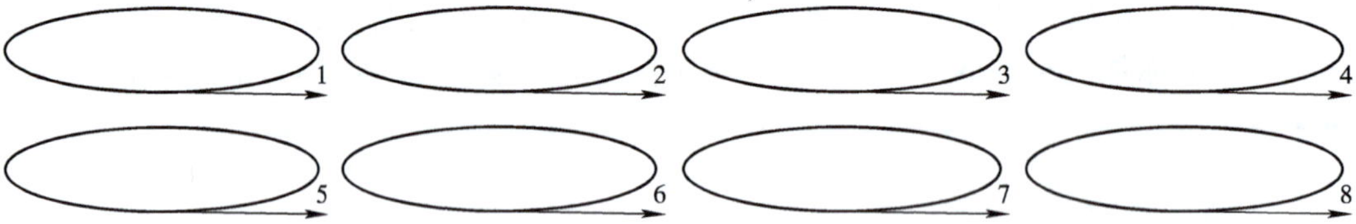

活动成果（三）：智能快递柜操作

项　目	处理操作	备　注
智能快递柜操作		

任务评价 4-4

任务考核评价表

班　级		任务名称			姓　名			
学　号		派送快件			组　别			
评价项目	评价标准	自我评价 10%	组长评价 20%	教师评价 70%		权重	小计	总分
职业能力	1. 了解当地地理交通环境					5		
	2. 形象好，服务意识强					5		
	3. 工作认真、细心，能吃苦耐劳					5		
专业能力	1. 能提前通知客户收件					10		
	2. 能按时上门派件					10		
	3. 会检查客户信息					10		
	4. 能提醒客户验收快件					10		
	5. 能准确收取资费					10		
	6. 能完成签字揭单					10		
	7. 能独立完成智能快递柜操作					15		
拓展能力	1. 能处理派件异常情况					5		
	2. 能灵活安排派件服务					5		
个人总结与反思			指导教师综合评价	指导教师签名： 日期：				

活动五 派件异常处理

课后练习题 4-5

一、选择题

1. 派件时，发现收件地址不详，应（　　）。
   A. 根据运单的收件人电话，在出仓派送前与收件人取得联系，询问详细地址，约定时间上门派件
   B. 退回仓管员
   C. 拍照后按滞留件处理
   D. 通知寄件人此件无法正常派件，需要付费改派
2. 在派送过程中发现破损件时，（　　）。
   A. 收件人未签收的，需要将快件带回办事处进行拍照登记
   B. 外包装破损但没有影响托寄物的实际使用，收件人愿意签收，按正常件处理
   C. 收件人已签收的，由办事处负责人至收件人处对破损快件进行拍照登记
   D. 重新包装快件后，再投递
3. 收派员无法联系收件人或收件人已经离职，（　　）。
   A. 收派员必须将情况上报客服部备案
   B. 收派员将快件带回办事处交仓管员跟进
   C. 若月结收件人搬迁，收派员除完成常规操作外，还需要将收件人搬迁的相关信息告知办事处负责人及同一收派区域不同班次的同事
   D. 收派员将快件带回办事处，拍照后存入仓库等待认领
4. 派送时收件人拒付或拒收，（　　）。
   A. 收派员应将信息上报客服部
   B. 收派员应将快件带回办事处交仓管员跟进
   C. 收派员应与收件人进行一番理论，并追讨资费
   D. 收派员应直接报警
5. 快件派送途中，寄件人通过客服人员要求改派，（　　）。
   A. 收派员应在原运单上注明改派地址及客服查询员工号
   B. 如果改派地址与原地址都在该收派员的服务区域内，收派员就按正常派送流程和时效派送
   C. 如果改派地址与原地址不在该收派员的服务区域内，收派员就需要将快件带回办事处交仓管员跟进
   D. 收派员应回复收件人并婉言拒绝

二、判断题

1. 如果因电话无人接听、号码为传真号码、电话号码不全、电话错误等导致收派员联系不到收件人时，收派员必须将快件做滞留件操作，并报办事处仓管员处理。（　　）

2. 收件人搬迁且能联系上收件人的，应询问收件人新的详细地址，若更改后的地址不在该收派员的收派区域内，则将快件带回办事处交仓管员并说明收件人搬迁情况。（　　）

3. 派件时发现地址错误，收派员当班次未接到确认后的地址，必须将快件带回办事处交仓管员跟进。（　　）

4. 收件人致电客服部催派快件，若快件未出仓或尚未到达办事处，客服部应通知相应的仓管员正常派件。（　　）

5. 派件途中遭遇政府部门查件或扣件时，派件员应及时致电办事处负责人和客服部，报告被查扣的快件单号和查扣路段。（　　）

活动工作页：派件异常处理

活动场地：快递网点、收件人处、快件处理中心
建议课时：2 课时

一、接受任务

今天派件员小齐在派送过程中遇到不少麻烦：
情况 1：收件人 A 检查快件，发现外包装破损，拒收快件。
情况 2：至收件人 B 处，发现收件人不在，并且电话也打不通。
情况 3：收件人 C 打来几次电话，催派快件，但快件在派送途中丢失了。
情况 4：有一票快件在网点仓库交接时，发现收件人地址不详、付款方式不明。
情况 5：有一票快件在派送过程中丢失了。
情况 6：收件人 D 临时出差，无法签收，于是变更了收件地址。
处理这些异常情况是派送工作的一部分，请根据小齐所接受的工作任务，写出工作内容与步骤。

二、制订计划

本次活动要求同学们在课堂上分小组现场完成派件异常处理的流程，请同学们分成学习小组，根据工作任务进行小组内部分工，制订工作计划。

序　号	工作内容	物料准备	注意事项
1	破损件异常情况处理		
2	收件人失联异常情况处理		
3	收件人催件异常情况处理		
4	快件收件人信息异常情况处理		
5	快件丢失异常情况处理		

三、任务实施

分　工	姓　名	主要职责	活动成果
组长		处理快件丢失异常情况	
成员 1		处理破损件异常情况	

（续）

分　工	姓　名	主要职责	活动成果
成员 2		处理收件人失联异常情况	
成员 3		处理收件人催件情况	
成员 4		处理快件收件人信息异常情况	

活动成果（一）：收件人 A 检查快件，发现外包装破损，拒收快件

活动成果（二）：至收件人 B 处，发现收件人不在，并且电话也打不通

活动成果（三）：收件人 C 打来几次电话，催派快件，但快件在派送途中丢失了

活动成果（四）：有一票快件在网点仓库交接时，发现收件人地址不详、付款方式不明

活动成果（五）：有一票快件在派送过程中丢失了

活动成果（六）：收件人 D 临时出差，无法签收，于是变更了收件地址

任务评价 4-5

任务考核评价表

班　级		任务名称			姓　名		
学　号		派件异常处理			组　别		
评　价 项　目	评价标准	自我评价 10%	组长评价 20%	教师评价 70%	分　值	小　计	总　分
职业 能力	1. 思维反应敏捷，做事麻利				5		
	2. 服务意识好，工作认真、细心				5		
	3. 团队配合默契，善于沟通				5		
专业 能力	1. 能处理大件货物				5		
	2. 能灵活处理客户未准备好的快件				5		
	3. 能处理未赶上正常班次的快件				5		
	4. 能灵活处理订单过多的问题				5		
	5. 能处理无法确定托寄物性质和价值的快件				5		
	6. 能完成客户中途修改信息操作				5		
	7. 能完成客户中途更换托寄物操作				5		
	8. 能灵活处理客户拒绝验视快件				5		
	9. 知道客户取消寄件的处理流程				5		
	10. 能处理客户退件的要求				5		
	11. 能处理回仓后包装破损的快件				5		
	12. 能处理客户不在的快件				5		
	13. 能处理客户地址不详的快件				5		
	14. 能处理托寄物重量不符的快件				5		
	15. 能处理门卫不让进入派件等情况				5		
拓展 能力	1. 能优化异常情况处理流程				5		
	2. 能快速地识别异常情况				5		
个人总结 与反思			指导教师 综合评价	指导教师签名： 日期：			

任务内容

任务五　快递客户服务
活动一　快件查询
活动二　快递投诉
活动三　快递理赔
活动四　客户开发

任务五　快递客户服务

活动一 快件查询

课后练习题 5-1

一、选择题

1. 快递业经营者应向客户提供电话或互联网等快件查询渠道，其查询有效期应为收寄快件之日起（　　）年内；如果通过互联网不能查找的快件，客户电话查询时，快递企业也应该在（　　）分钟内把情况告知客户。

A. 1，30　　B. 30，1　　C. 10，3　　D. 3，10

2. 快递查询渠道有（　　）。

A. 电话查询　　B. 网络查询

C. 前台查询　　D. 手机查询

3. 在接听客户查询电话时，应注意（　　）。

A. 响铃三声内接听

B. 使用普通话并且语气轻柔

C. 必须说开始语

D. 通话时，注意背景不要太吵

E. 要结束电话交谈时，一般应由打电话的一方提出，然后彼此客气地道别，说一声“再见”再挂上电话，不可只管自己讲完就挂断电话

4. 以下沟通方式更得体、专业的是（　　）。

A. 你自己先搞清楚再来电话

B. 我已经讲得很明白了，难道你还不明白吗

C. 我都讲好几遍了，记不住就拿笔记一下

D. 我会马上和目的地联系，让他们想尽办法在您要求的时限内完成派送

5. 以下开头语更得体、专业的是（　　）。

A. 请问您找谁

B. 请问有什么可以帮您的吗

C. 请问您要投诉吗

D. 您是要寄快件吗

二、判断题

1. 通话中如果需要来电者等待较长时间，必须先告知并征得对方同意，重新开始通话

时，要再次致歉或道谢。（　　）

2．永远让对方先挂断电话，然后自己再轻轻放下话筒。（　　）

3．公司不要求客服人员为服务失败做出完美的辩解，客服的职责是提供服务，帮助客户解决他/她的困难。（　　）

4．无论是接听还是呼出电话，都要让对方畅所欲言。如果对方的表述过于拖沓或跑题，可以适当引导。（　　）

5．重要细节可以和对方重复一遍加以确认。（　　）

活动工作页：快件查询

活动场地：客服中心或快递网点
建议课时：2 课时

一、接受任务

两天前，客户王先生通过路路通快递公司快递一份材料给在上海读书的弟弟。一般情况下，王先生的弟弟今天就能收到这份快件，但直到今天下午五点，快件还没有收到。于是王先生登录该公司网站进行快件查询，结果显示为疑难件。王先生十分着急，拨打了该公司的总部客服热线进行查询。

家住中山市的王小姐想邮寄一件货样到乌鲁木齐市，可收件员上门取件迟到，耽误了王小姐的时间，于是王小姐拨通了该公司的客服热线后便破口大骂。

假如你是该公司的客服专员小美，请根据小美所接受的工作任务，把小美的工作内容与步骤写出来。

二、制订计划

本次活动要求同学们在课堂上分小组现场完成快件查询的流程，请同学们分成学习小组，根据工作任务进行小组内部分工，制订工作计划。

序　号	工作内容	物料准备	注意事项
1	快递价格查询	价目表、客服系统	
2	快件投递情况查询	客服系统、快递单	
3	疑难件咨询	客服系统、快递单	

三、任务实施

分　工	姓　名	主要职责	活动成果
组长		协调分工，监督查询业务	
成员 1		快递价格查询	
成员 2		快件投递情况查询	
成员 3		疑难件咨询	

活动成果（一）：有结果查询

名称	人员	时间	工具	要求			得分
快件投递情况查询	客户、客服人员	10min	客服系统	1. 语言表达（40分）	声音清晰（10分）	用词得当（10分）	
					语速适当（10分）	礼貌得体（10分）	
				2. 电话礼仪（10分）	接电话及时（5分）	不先挂电话（5分）	
				3. 业务解答（40分）	简练（10分）	专业（10分）	
					及时（10分）	清楚（10分）	
				4. 不做其他无关事宜（10分）			
备注：2人一组进行现场对话，最后以录音的形式上交活动成果							

活动成果（二）：责怪谩骂查询操作

步骤1　步骤2　步骤3　步骤4

活动成果（三）：疑难件解答

名称	人员	时间	工具	要求			得分
疑难件解答	客户、客服人员	10min	快递单、客服系统	1. 语言表达（40分）	声音清晰（10分）	用词得当（10分）	
					语速适当（10分）	礼貌得体（10分）	
				2. 电话礼仪（10分）	接电话及时（5分）	不先挂电话（5分）	
				3. 业务解答（40分）	简练（10分）	专业（10分）	
					及时（10分）	清楚（10分）	
				4. 不做其他无关事宜（10分）			
备注：2人一组进行现场对话，最后以录音的形式上交活动成果							

任务评价 5-1

任务考核评价表

班级			任务名称			姓名		
学号			快件查询			组别		
评价项目	评价标准		自我评价 10%	组长评价 20%	教师评价 70%	分值	小计	总分
职业能力	1. 电话礼仪	铃声响起，三声内接听				2		
		接电话时，不能吃东西或嘴含东西				2		
		与客户交流时，不能干其他事情				2		
		不能提前挂断电话				2		
	2. 表达能力	声音不高不低，说话干脆利索				3		
		普通话标准，不带任何口音				3		
		语速不快不慢，保持统一速度				3		
		回答客户问题，简单明了				3		
		交谈中无不文明用语或口头禅				3		
	3. 信息处理	打字速度每分钟 50 字以上				5		
		快速地获取客户需求				5		
		准确地记录客户的有效信息				5		
	4. 工作态度	工作认真，给客户愉悦的感觉				3		
		服从安排，能吃苦耐劳				3		
		不推卸责任				3		
		不越权处理工作				3		
专业能力	1. 能处理客户的价格查询					5		
	2. 能处理客户的时效查询					5		
	3. 能处理客户的派送情况查询					5		
	4. 能处理客户的快件异常查询					5		
	5. 能准确快速地录入快递单号					5		
拓展能力	1. 客户有异议，快速解答					5		
	2. 遇到突发问题，冷静并及时处理					5		
	3. 突遇不会解决的问题，不擅自做主					5		
	4. 对客户提出的任何业务问题，能对答如流					5		
	5. 如果客户反映语速过快，能适当调整					5		
个人总结与反思				指导教师综合评价	指导教师签名： 日期：			

活动二 快递投诉

课后练习题 5-2

一、选择题

1. 正确的快递投诉流程是（　　）。
①判断投诉是否成立　②责任部门分析投诉原因　③实施处理方案
④总结评价　⑤确定投诉处理责任部门　⑥提交主管领导批示
⑦公平提出处理方案　⑧记录投诉内容
A. ①⑧②③④⑤⑥⑦
B. ①⑧②③⑤④⑥⑦
C. ⑧①⑤②③④⑥⑦
D. ⑧①⑤②⑦⑥③④

2. 目前，客户投诉的内容主要有（　　）。
A. 快递人员服务态度差　　B. 快件延误
C. 快件短少破损　　D. 快件资费低
E. 快件丢失

3. 客户投诉快递人员的服务态度差，应在（　　）个工作日内处理完毕。
A. 1　　B. 3　　C. 5　　D. 7

4. 客户：“你们把我的手机寄丢了，你们知不知道我的损失有多大？”请判断，在处理此类快递客户投诉中，这是预测客户的（　　）？
A. 信息需求　　B. 环节需求
C. 情感需求　　D. 生理需求

5. 快递投诉的意义有（　　）。
A. 令人满意的客户投诉处理，可以培养客户的忠诚度
B. 客户投诉可以促进企业成长
C. 巧妙处理客户投诉可以帮助企业提升形象
D. 客户投诉可以帮助企业发现隐藏的商机

二、判断题

1. 客服人员要做的是客观、完整地倾听客户的投诉，着重服务修复，避免立即判定责任，更不能单纯为了平息客户的怨气，超出公司服务能力或政策允许范围，轻易给出过度的承诺。（　　）

2. 客户在投诉时的语气可能会令人不快，甚至粗鲁、冒犯。客服人员要站在公司的立场，客户有权利这么做，我们也有权利以牙还牙。（　）

3. 客服人员应赞同客户的说法，哪怕是无足轻重的琐事，但千万不要在重大问题上屈就、误导客户。（　）

4. 客户投诉的目的是解决问题，绝不是来听客服人员的“道歉”；过度的道歉很可能会使局势失控，并给客户留下不好的印象，故不用道歉。（　）

5. 不要与客户在电话里争辩。（　）

活动工作页：快递投诉

活动场地：客服中心或营业网点
建议课时：2 课时

一、接受任务

随着公司的业务量日益增加，公司的管理难度也逐渐加大。由于公司的管理体制没有跟上，客户对公司的抱怨声日益增加，再加上快递工作人员的服务不到位，这几天，负责售后服务的小丽可忙坏了，每天都有客户来电投诉快递服务工作。

假如你是该公司的投诉受理专员小丽，请根据小丽所接受的工作任务，把小丽的工作内容与步骤写出来。

二、制订计划

本次活动要求同学们在课堂上分小组现场完成快递投诉的流程，请同学们分成学习小组，根据工作任务进行小组内部分工，制订工作计划。

序号	工作内容	物料准备	注意事项
1	服务态度差、语言冲突等投诉处理		
2	快件延误等投诉处理	快递单	
3	快件损毁、短少、丢失等投诉处理	快递单	
4	跟踪投诉处理情况，回访客户		

三、任务实施

分工	姓名	主要职责	活动成果
组长		跟踪投诉处理情况，回访客户	
成员 1		服务态度差、语言冲突等投诉处理	
成员 2		快件延误等投诉处理	
成员 3		快件损毁、短少、丢失等投诉处理	

活动成果（一）：服务态度差、语言冲突等投诉处理

➲ 案例1：快递人员服务态度差

10月12日上午，张女士正在单位上班，A快递公司快递员给她打电话让她到楼下取货，由于当时正忙着，没时间下去拿，就回复说让其送到楼上来，但遭到对方拒绝，并且态度也不好，说要是不要的话他就拿走了，张女士当时也很生气，就说："你拿走就拿走吧。"最后快递员没把货送到楼上。当日下午6点多，快递员又打电话给张女士，说物品已送到楼下，此时张女士已经下班正在回家的路上，她就和快递员约好了一个地点见面。后来他又打了一个电话，因为当时张女士没听到手机响，2min之后张女士看见未接电话，回电话过去，对方就不接电话了。苦等数日无果后，张女士只有联系厂家，将快递物品收回去，又委托其他快递公司投递。

投诉处理模拟情景（A为客户，B为投诉专员）

A：____

B：____

A：____

B：____

A：____

B：____

A：____

B：____

A：____

B：____

A：____

B：____

A：____

B：____

备注：所有对话以录音形式上交。

活动成果（二）：快件延误等投诉处理

➲ 案例2：快件延误

张先生于1月21日支付××快递公司25元，是从北京发往云南的快件，单号为00008786655678，寄件时间为当天的8点15分。该快递公司业务人员承诺明天上午8点钟可以到，单子上面也手写的8点钟到，但第二天上午9点钟上网查看，还未送达，张先生打过3次电话询问，客服人员答应帮助问问然后让相关人员回电话，但一直没人回电话，结果是当天下午1点钟左右才送到。

投诉处理模拟情景（A 为客户，B 为投诉专员）

A:____

B:____

A:____

B:____

A:____

B:____

A:____

B:____

A:____

B:____

A:____

B:____

A:____

B:____

A:____

B:____

A:____

B:____

备注：所有对话以录音形式上交

活动成果（三）：快件损毁投诉处理

➲ 案例 3：快件损毁

1 月，家住广州的林某给在北京的朋友邮寄一个石雕艺术品，在 ×× 快递公司提供的快递单（单号为 6198651320）上的保价额及保价费一栏中填写了 3 万元，同时交了保价费 90 元。但意想不到的是，这个石雕艺术品在发往北京的途中因发生车祸被损毁，几乎没有什么价值了。×× 快递公司快递员同意按保价额 3 万元赔偿林某，但林某提供自己购买该石雕艺术品的发票和证人证言，证明该石雕艺术品的购买价格实际是 6 万元，要求 ×× 快递公司赔偿石雕艺术品被毁损的实际损失 6 万元。

投诉处理模拟情景（A 为客户，B 为投诉专员）

A:____

B:____

A:____

B:____

A:____

B:______________________________
A:______________________________
B:______________________________
A:______________________________
B:______________________________
A:______________________________
B:______________________________
A:______________________________
B:______________________________

备注：所有对话以录音形式上交

活动成果（四）：快件短少投诉处理

➲ 案例 4：快件短少

9月，在福建做茶叶生意的黄先生通过××快递公司给上海客户邮寄一批茶叶。根据快递单记载：该批茶叶共6件，300kg。黄先生在“理解并同意运单条款”一栏进行了签字确认。但在实际到达上海客户时只有5件，250kg。后来快递公司查明茶叶短少的原因是在仓库里被盗走一件。在协商赔偿问题时，××快递公司认为快递单上记载有：重要物品务必保价，未保价物品按快递资费的5倍赔偿，最高不超过500元，××快递公司最后同意赔偿黄先生500元，但黄先生要求××快递公司赔偿实际损失15000元。

投诉处理模拟情景（A 为客户，B 为投诉专员）

A:______________________________
B:______________________________
A:______________________________
B:______________________________
A:______________________________
B:______________________________
A:______________________________
B:______________________________
A:______________________________
B:______________________________
A:______________________________
B:______________________________
A:______________________________
B:______________________________
A:______________________________

B:____________________

备注：所有对话以录音形式上交。

活动成果（五）：快件丢失投诉处理

➲ 案例 5：快件丢失

12月20日，河南余先生收到了北京朋友寄来的快递，里面装着一支录音笔。余先生说："我打开它，录音笔就没有了。"当时包裹送达时，余先生不在单位，由同事代收，可当他回来打开包裹时发现，包装盒还在，录音笔却不翼而飞了。随后在包裹的外包装信封上，余先生发现了和纸盒宽度相当的破损痕迹，在这块破损的痕迹上贴补着几层透明胶带，包裹明显有被打开过的痕迹。余先生联系××快递公司，可是××快递公司的电话一直打不通，余先生唯一能联系上的只有当时的派件员，但是这位派件员反复和余先生强调，他把包裹送到了，他自己的工作也就完成了，别的事情与他无关。派件员说："你打公司电话吧，你跟公司相关人员去讲，我现在很忙，还有好多快件要送。"无奈之下，余先生决定去一趟××快递公司当面了解情况，讨个说法。

投诉处理模拟情景（A 为客户，B 为投诉专员）

A:____________________

B:____________________

A:____________________

B:____________________

A:____________________

B:____________________

A:____________________

B:____________________

A:____________________

B:____________________

A:____________________

B:____________________

A:____________________

B:____________________

备注：所有对话以录音形式上交。

任务评价 5-2

任务考核评价表

班级		任务名称			姓名			
学号		快递投诉			组别			
评价项目	评价标准		自我评价 10%	组长评价 20%	教师评价 70%	分值	小计	总分
职业能力	1. 电话礼仪	铃声响起，三声内接听				2		
		接电话时，不能吃东西或嘴含东西				2		
		在与客户交流时，不能干其他事情				2		
		不能提前挂断电话				2		
	2. 表达能力	声音不高不低，说话干脆利索				3		
		普通话标准，不含任何口音				3		
		语速不快不慢，保持统一速度				3		
		回答客户问题，简单明了				3		
		交谈中无不文明用语或口头禅				3		
	3. 信息处理	打字速度每分钟 50 字以上				5		
		快速地获取客户需求				5		
		准确地记录客户的有效信息				5		
	4. 工作态度	工作认真，给客户愉悦的感觉				3		
		服从安排，能吃苦耐劳				3		
		不推卸责任				3		
		不越权处理工作				3		
专业能力	1. 能处理快递服务差的投诉					5		
	2. 能处理快件延误的投诉					5		
	3. 能处理快件损毁的投诉					5		
	4. 能处理快件丢失的投诉					5		
	5. 能处理客户的无理投诉					5		
拓展能力	1. 客户有异议，快速解答					5		
	2. 遇到突发问题，冷静并及时处理					5		
	3. 突遇不会处理的问题，不擅自做主					5		
	4. 对客户提出的任何业务问题，能对答如流					5		
	5. 如果客户反应过激烈，能适当调整					5		
个人总结与反思				指导教师综合评价	指导教师签名： 日期：			

活动三　快递理赔

课后练习题 5-3

一、选择题

1. 快件赔付的对象应为（　　）。

A. 寄件人或寄件人指定的受益人

B. 寄件人或寄件人指定的受害人

C. 快递公司

D. 保险公司

2. 快件索赔因素主要包括（　　）。

A. 快件延误　　B. 快件丢失　　C. 快件短少破损　　D. 内件不符

3. 快递服务组织受理索赔期限应为收寄快件之日起（　　）年内。

A. 1　　B. 3　　C. 5　　D. 7

4. 快递服务组织除了与寄件人有特殊约定外，索赔处理时限应不超过：①同城和国内异地快件为（　　）个日历天，②港澳和台湾快件为（　　）个日历天，③国际快件为（　　）个日历天。

A. 30，30，60　　B. 60，30，60

C. 30，60，60　　D. 30，30，30

5. 快递服务组织应在收到寄件人的索赔申告单（　　）小时内答复寄件人，并告知寄件人索赔处理时限。

A. 24　　B. 12　　C. 36　　D. 6

二、判断题

1. 保价件丢失，快递服务组织按照被保价金额进行赔偿。（　　）

2. 客户自交寄快件之日起满一年未查询又未提出赔偿要求的，快递服务组织不负赔偿责任。（　　）

3. 内件品名与寄件人填写品名不符的，按照完全损毁赔偿。（　　）

4. 所有类型的快件由于不可抗力的原因造成损失的，快递服务组织不负赔偿责任。（　　）

5. 在已经签收并且业务员离开之后要求快递服务组织赔偿的，快递服务组织的业务员可礼貌地拒绝客户的此类受理请求。（　　）

活动工作页：快递理赔

活动场地：客服中心或营业网点
建议课时：2 课时

一、接受任务

今天负责售后服务的小丰共接到三次要求快件理赔的投诉来电：

客户 1：快件（运费 20 元）延误了。

客户 2：包裹里价值 5600 元的苹果手机丢失了。

客户 3：快件内件物品（价值 2000 元的陶瓷花瓶）明显出现裂缝。

假如你是该公司的投诉专员小丰，请根据小丰所接受的工作任务，把小丰的工作内容与步骤写出来。

二、制订计划

本次活动要求同学们在课堂上分小组现场完成快递理赔的流程，请同学们分成学习小组，根据工作任务进行小组内部分工，制订工作计划。

序 号	工作内容	物料准备	注意事项
1	遗失件理赔处理		
2	延误件理赔处理		
3	破损件理赔处理		
4	跟踪理赔处理情况，回访客户		

三、任务实施

分 工	姓 名	主要职责	活动成果
组长		跟踪理赔处理情况，回访客户	
成员 1		遗失件理赔处理	
成员 2		延误件理赔处理	
成员 3		破损件理赔处理	

活动成果（一）：遗失件理赔处理

将相关资料附在此处。

活动成果（二）：延误件理赔处理

将相关资料附在此处。

活动成果（三）：破损件理赔处理

将相关资料附在此处。

任务评价 5-3

任务考核评价表

班级			任务名称			姓名		
学号			快递理赔			组别		
评价项目	评价标准		自我评价 10%	组长评价 20%	教师评价 70%	分值	小计	总分
职业能力	1. 服务礼仪	接待客户时，主动问好				3		
		与客户交谈时，专注				3		
		送客户时，用规范的送别用语				3		
	2. 表达能力	声音不高不低，说话干脆利索				3		
		普通话标准，不带任何口音				3		
		语速不快不慢，保持统一速度				3		
		回答客户问题，简单明了				3		
		交谈中无不文明用语或口头禅				3		
	3. 信息处理	打字速度每分钟 50 字以上				5		
		快速地获取客户需求				5		
		准确地记录客户的有效信息				5		
	4. 工作态度	工作认真、不马虎				3		
		服从安排，能吃苦耐劳				3		
		热情，给客户愉悦的感觉				3		
		不推卸责任				3		
		不越权处理工作				3		
专业能力	1. 会延误件理赔处理					10		
	2. 会遗失件理赔处理					10		
	3. 会破损件理赔处理					10		
拓展能力	1. 客户有异议，快速解答					4		
	2. 遇到突发问题，冷静并及时处理					4		
	3. 突遇不会处理的问题，不擅自做主					4		
	4. 如客户情绪波动较大，能适当调整					4		
个人总结与反思				指导教师综合评价	指导教师签名： 日期：			

活动四　客户开发

课后练习题 5-4

一、选择题

1. 如何有效地挖掘潜在客户的需求（　　）。
   A. 旁敲侧击，寻求突破　　B. 乘胜追击，挖掘需求
   C. 体验消费，细节制胜　　D. 顺其自然，任其发展
2. 快递客户开发技巧有（　　）。
   A. 拜访客户前准备要充分　　B. 成为快递服务产品销售的专家
   C. 为客户创造价值　　D. 关注竞争对手
3. 寻找潜在客户的方法有（　　）。
   A. 逐户寻访法　　B. 客户引荐法
   C. 电话营销法　　D. 市场咨询法
4. 快递客户开发计划的基本要求有（　　）。
   A. 有目的性　　B. 清晰反映客户的特性
   C. 明确竞争对手和自身的态势　　D. 不计时间和成本
5. 客户在选择快递产品服务时，会考虑（　　）。
   A. 快递品牌　　B. 快递企业的网络覆盖范围
   C. 增值服务　　D. 时效和价格

二、判断题

1. 快递业务员要明确知道所负责的区域里哪些是大客户，哪些是中等客户，哪些仅是散户，根据客户重要程度的不同有所区分。（　　）
2. 每次与客户的接触都是快递业务员营销的机会，所以要带上名片和单据。（　　）
3. 快递公司要想迅速打开市场，主要是靠服务质量和价格。（　　）
4. 保证快件接收和发送方便快捷，是客户选择快递企业的重要参考标准。（　　）
5. 在开发客户的过程中遇到不熟悉的地方，要多花时间钻研，不要请教领导或同事。（　　）

活动工作页：客户开发

活动场地：客户处
建议学时：2 课时

一、接受任务

路路通快递公司的客服人员接到奥士康科技有限公司业务人员的来电，其公司刚入驻阜沙工业区，正寻找合作的快递服务商。

张先生刚刚注册为淘宝卖家，从事零食销售。目前，网店销量不大，正在加大广告宣传以提高销量，想签约固定的快递服务商。

奥马食品有限公司的快件进出量很大，每天都有很多快递员在公司门口排队派件，其他快递公司都有专车上门取件，路路通快递公司也想加入其行列中。

假如你是路路通快递公司业务员小峰接收了这样的任务，请根据小峰所接受的工作任务，把工作内容与步骤写出来。

二、制订计划

本次活动要求同学们在课堂上分小组现场完成快件查询的流程，请同学们分成学习小组，根据工作任务进行小组内部分工，制订工作计划。

序号	工作内容	物料准备	注意事项
1	信息收集	信息采集表	
2	筛选客户	目标客户清单	
3	调查分析	调查分析表	PPT 展示
4	制订方案	服务方案	
5	洽谈公关	个人名片、服务方案、业务宣传资料、合同模板	
6	试行签约	合同	
7	跟踪评估		

三、任务实施

分　工	姓　名	主要职责	活动成果
组长			
成员 1			
成员 2			
成员 3			
成员 4			

活动成果（一）：

开发对象	人　员	地　点	成　果	要　求
奥士康科技有限公司	客户 业务人员 上级主管	客户处	1. 收集客户的基本信息 2. 调查分析 3. 洽谈公关 4. 签约 5. 评估汇报	采用现场展示的形式上交活动成果

活动成果（二）：

开发对象	人　员	地　点	成　果	要　求
淘宝卖家	客户 业务人员 上级主管	客户处	1. 收集客户的基本信息 2. 电话沟通 3. 洽谈 4. 签约 5. 评估汇报	采用现场展示的形式上交活动成果

活动成果（三）：

开发对象	人员	地点	成果	要求
奥马食品有限公司	客户 业务人员 上级主管	客户处	1. 收集客户的基本信息 2. 调查分析 3. 电话沟通 4. 上门拜访 5. 签约 6. 评估汇报	采用现场展示的形式上交活动成果

任务评价 5-4

任务考核评价表

<table>
<tr><td>班　级</td><td></td><td colspan="3">任务名称</td><td>姓　名</td><td colspan="3"></td></tr>
<tr><td>学　号</td><td></td><td colspan="3">客户开发</td><td>组　别</td><td colspan="3"></td></tr>
<tr><td rowspan="2">评　价
项　目</td><td rowspan="2">评价标准</td><td>自我评价</td><td>组长评价</td><td>教师评价</td><td rowspan="2">分　值</td><td rowspan="2">小　计</td><td rowspan="2">总　分</td></tr>
<tr><td>10%</td><td>20%</td><td>70%</td></tr>
<tr><td rowspan="4">职业
能力</td><td>1. 具有良好的口头表达能力与沟通能力</td><td></td><td></td><td></td><td>5</td><td rowspan="4"></td><td rowspan="13"></td></tr>
<tr><td>2. 对数据敏感</td><td></td><td></td><td></td><td>5</td></tr>
<tr><td>3. 办公软件操作熟练，学习能力强</td><td></td><td></td><td></td><td>5</td></tr>
<tr><td>4. 电话礼仪运用得体</td><td></td><td></td><td></td><td>5</td></tr>
<tr><td rowspan="7">专业
能力</td><td>1. 熟悉客户开发流程</td><td></td><td></td><td></td><td>10</td><td rowspan="7"></td></tr>
<tr><td>2. 能独立收集客户信息</td><td></td><td></td><td></td><td>10</td></tr>
<tr><td>3. 会分析调查资料</td><td></td><td></td><td></td><td>10</td></tr>
<tr><td>4. 能独立制定方案</td><td></td><td></td><td></td><td>10</td></tr>
<tr><td>5. 能上门拜访客户</td><td></td><td></td><td></td><td>10</td></tr>
<tr><td>6. 能促成客户签约</td><td></td><td></td><td></td><td>10</td></tr>
<tr><td>7. 能跟踪评估服务方案</td><td></td><td></td><td></td><td>10</td></tr>
<tr><td rowspan="2">拓展
能力</td><td>1. 能灵活处理洽谈过程中的异议</td><td></td><td></td><td></td><td>5</td><td rowspan="2"></td></tr>
<tr><td>2. 对方案制定提出建设性、创新性的建议</td><td></td><td></td><td></td><td>5</td></tr>
<tr><td>个人总结
与反思</td><td colspan="2"></td><td>指导教师
综合评价</td><td colspan="4">指导教师签名：
日期：</td></tr>
</table>